阿部恭子

が人を殺しました

加害者家族の真実

GS
幻冬舎新書
472

はじめに

事件現場となった民家の周りには規制線が張られている。玄関から出てくる複数の捜査員と一緒に、ジャケットで顔を隠した犯人が現れ、車に乗り込む。

典型的な報道番組のひとコマだ。

マイクを突きつけられたインターホン越しから、犯人の家族らしき声が流れている。報道番組の司会者がコメンテーターに質問を始めると同時に、私の携帯電話が鳴り出した。

「加害者家族の団体ですか？　あの、私、○○事件の……」

電話から聞こえてくる声と方言から、さっきの映像で流れていた声の人物であることがわかった。犯人の母親だ。この瞬間から、私は事件にいっきに巻き込まれていく。

スマホで事件を確認すると、犯人は被害者を包丁でメッタ刺しにして殺害している。猟奇性を帯びた凶悪事件だ。インターネットの掲示板ではすでに事件のスレッドが立ち、加害者家族の情報も暴露され始めている。「親の顔が見てみたい」「家族も顔さらせ」――犯人への憎悪の矛先は家族に向けられていく。

犯人にも、家族がいる。両親、配偶者、きょうだいなどの犯人の家族は、事件後、どのような人生を送るのか。被害者側の怒りや悲しみ、犯人への憎悪や応報感情の矢面《やおもて》に立たされるのは、塀の中に隔離される犯人ではなく、加害者家族の方なのだ。

私が代表を務めるＮＰＯ法人Ｗｏｒｌｄ《ワールド》 Ｏｐｅｎ《オープン》 Ｈｅａｒｔ《ハート》は、日本で初めて加害者家族支援を始めた組織である。

２００８年から現在に至るまで、複数の犠牲者を出すなどし、日本中を震撼《しんかん》させた凶悪犯罪、性犯罪、交通事故、いじめ事件など、１０００組以上の加害者家族を支援してきた。

本書では、それらの体験をもとに、これまで明らかにされることのなかった加害者家族の実態に迫る。

ある日、突然、家族が事件に巻き込まれてしまったら――。

そして家族が被害者ではなく、加害者だったとしたら――。

※本書で紹介する事例はすべて個人が特定されることのないよう一部変更を加えており、名前は仮名である。

息子が人を殺しました／目次

はじめに 3

第一章 家族がある日突然、犯罪者になる 11

息子が人を殺しました 11
逮捕はいつも唐突 16
報道陣によって息子の逮捕を知る 19
窃盗でも報道陣が家に押しかけ、引っ越すハメに 20
家族に群がる宗教団体や霊媒師 24
警察から丸裸にされる 26
加害者家族に味方はいない 28
夫が強姦罪で逮捕 29
法廷での証言は命がけ 31
受刑者から連絡がなければ収監先はわからない 34
出所してからも家族の苦悩は続く 36

第二章　加害者家族はこうして苦しむ　39
犯罪者は平凡な家庭から生まれる　39
セックスレスでない夫婦からも性犯罪者は出る　40
事件後の出費は平均600万円！　42
家族は損害賠償をどうしているのか　43
逮捕を知り、中絶を選ぶ新妻　46
差別と因果応報　47
取材に口を閉ざす家族　49

第三章　疑われるのは、まず家族　51
疑われる同居人　51
無実の家族が自白を強要される　54
家族は仕事を辞めるべきか　58
家族に責任はあるのか　59

第四章　報道されれば、家族は地獄　62
報道されるかどうかで家族の運命は変わる　62
加害者を神にするマスコミ　64
早すぎる謝罪会見　66
伝わるのは真実より面白い話　67
事件発覚で被告人の孤独を知る家族　70

第五章　事件にひそむ家族病理　74
有名人家族の苦悩と自殺　74
家族によるリベンジポルノ　76
裕福な家庭から出た窃盗犯　79
「あなたのため」という名の虐待　81
探偵を雇って息子を監視　83
家庭はもはや戦場　86
「人に迷惑をかけるな」と育てられ犯罪者に　90
結婚する前からセックスレス　93

第六章　家族の罪を背負って生きる人たち　96

殺人犯の子どもと呼ばれて　96
家族のために父を殺し、消息を絶った兄　100
性犯罪者の妻が味わう屈辱　104
兄への復讐としてのレイプ　108
お嬢様からの転落　116
同級生による残酷な嫌がらせ　122

第七章　家族への制裁は犯罪抑止になるか　130

家族の自殺を知らない受刑者もいる　130
家族は犯罪の抑止になっているのか　132
家族への復讐のために罪を犯す男　133
振り込め詐欺に騙されやすい加害者家族　135
差別が生む負の連鎖　139

第八章　加害者家族の支援はこうして始まった　141

師との出会い　141
人殺しの子は人殺しになる？　144
加害者家族支援の原点　145
仲間の自殺　147
師と仲間を求めて　149
加害者家族という病　151
殺人犯の子どもとの出会い　153
ニーズに追いつかない支援　155
仙台で震災を乗り越えて　158
加害者家族への支援は増えている　160

第九章　加害者家族を支援するということ　163

加害者家族支援とは何か　163
なぜ加害者家族を支援するのか　166

被害者と加害者家族が話す機会をつくる 167
加害者家族は国によりこんなに違う 169

第十章 犯罪者にしないために家族ができること 173

「人を殺してみたい」と言われたら 173
否定しない、批判しない、比較しない 175
いい子に育てると犯罪者になる? 178
愛がなければ人は変わらない 180

あとがき 186
参考文献 189

DTP 美創

第一章 家族がある日突然、犯罪者になる

息子が人を殺しました

早朝に鳴り響く電話のベル。後藤よし子（60代）は、悪い予感と共に目覚めた。この時間の電話によい知らせはない。

まず脳裏に浮かんだのは、90歳をすぎた母だ。倒れたりしていないといいが……。その次は子どもたち。事故に巻き込まれていないことを願いつつ、受話器を取った。

「○○警察署の……」

病院ではなく、警察――。受話器の向こうから語られる予想だにしない出来事に、よし子は一瞬、耳を疑った。

夫の康夫もまた、電話の音に親族の死を覚悟した。しかし、なかなか電話を切らない妻

の様子が気になった。

「え？　何でしょう……、おっしゃっている意味がわかりませんけど……」

よし子は取り乱し、電話の相手に質問を繰り返していた。

康夫は、動揺する妻の様子に、子どもたちに何か起きたに違いないと感じた。

「よし子、誰か亡くなったのか？」

康夫は、そばに駆け寄り、いつまでも受話器を置こうとしないよし子に尋ねた。よし子から受話器を奪うと、電話はすでに切れていた。

「何の電話だ？」

康夫は、今にも倒れそうなよし子の体を支えながら問いただした。

すると妻は、こう言った。

「お父さん、あの子が人を殺しました……」

その言葉に、康夫は鈍器か何かで頭を殴られたような気がした。

「え？　何だって？」

「あの子が……、人を殺したんです……」

殺した――。康夫の中で、この言葉だけが繰り返し鳴り響いていた。

そして、この数日後、よし子から私のもとに「息子が人を殺しました」と電話がかかってきたのだ。

「後藤正人を殺人容疑で逮捕しました。被害者は、交際相手の池田愛子さん……」

警察署で説明を受けたよし子と康夫は、被害者の名前を聞いて、さらに衝撃を受けた。

池田愛子さんは、1年ほど前に、よし子の息子である正人が交際相手として連れてきた女性だった。正人は愛子さんと結婚したい、と幸せそうに話していた。なのに、なぜこんなことになってしまったのか……。

「愛子さんには、すでに息子さんとは別の交際相手がいたようです。別れ話がこじれたことが原因だと思われます」

よし子と康夫は、警察の言葉を信じることができなかった。冤罪《えんざい》の可能性がないわけではない。正人本人から真実を聞くまでは、信じたくなかった。

よし子と康夫は、事件の話はしないという規則のもと、10分ほどの面会が許された。アクリル板の向こうに、憔悴《しょうすい》しきった正人の姿を見た瞬間、ふたりは思わず立ち上がった。

正人は、うつむいたまま泣き出した。

とされた。

「ごめん……、本当にごめん……」

そう言いながら泣き続ける正人の姿を目の当たりにして、ふたりは絶望の底に突き落とされた。

「僕はやっていない、人殺しなんかしていない！」と訴える姿を、どこかで期待していたのだ。息子は人を殺した……。それは動かしようのない事実だと、このとき確信した。

警察の話では、被害者遺族は加害者側との接触を拒否しており、謝罪に行くことは許されなかった。事件当時、愛子さんが同時に複数の男性と交際していたことが報じられ、世間からの誹謗中傷に遺族も相当苦しんでいるという。

正人が逮捕された日は、世間を騒がせる出来事が続いており、事件が大々的に報道されることはなく、自宅に訪ねてくる報道陣も少なかった。近所の人々は事件のことを知っているのか、それさえもわからなかった。嫌がらせを受けるようなこともなく、事件前と変わらぬ日常が続いていたある日、正人の妹の正美が泣きながら電話をかけてきた。

正美は、数年前から職場の同僚と交際していたが、兄の事件を知った彼が、別れたいと言ってきたという。正美は同じ職場で働き続けることに耐えられないので、退職して、しばらく実家で休みたいと訴えた。

翌日、正美の交際相手の両親が、親戚だという男性ふたりを連れて突然家にやってきた。あまりに威圧的な態度に、よし子と康夫は圧倒されてしまった。当事者同士の話は決着しているはずなのに、いったい、何の用なのか。

「殺人犯の家族との結婚は許すことはできません。私たちからもよく息子に言い聞かせ、別れてもらいました。ただ、息子も私たち家族も心配しているのは、正美さんからの復讐です」

「復讐？　まさか、正美がそんな……」

交際相手の母親は、急に怯《おび》えたような口調で話し始めた。

「お兄さんがあんな事件起こしているんだから……、同じようにうちの子にも腹いせに何かするんじゃないかと……」

まるで娘も犯罪者であるかのような口調に、よし子は込み上げる怒りを抑えられなかった。

「それは、いくらなんでも酷すぎます……」

「とにかく、正美さんをきちんと監視しておいてください。うちとしては警察にも相談していますから……」

「もう、帰ってください！」

泣きながら取り乱すよし子を、康夫は必死でなだめていた。殺人犯の家族は、みな人を傷つけるというのか……。康夫も悔しくて涙が止まらなかった。

よし子と康夫は、15年の刑に服している息子を、今も待ち続けている。60をすぎて、加害者家族という名の人生が待ち受けているとは思いもよらなかった。

しかし、ニュースで報道される殺人事件の背後には、常にこのような地獄を背負う、加害者家族が存在するのである。

逮捕はいつも唐突

浅野恵（30代）は、その日、いつもと同じ朝を迎え、子どもたちを幼稚園に連れていく支度に追われていた。夫は最近疲れているのか、今朝もなかなか起きてこない。

テレビには、行方不明となっていた人が遺体で発見されたという報道が流れていた。その場所は、自宅と同じ地域だったことから、昨夜から近辺は捜査員や報道陣らしき人たちの出入りで騒々しかった。どうやら殺人事件のようで、犯人はまだ逮捕されていない。早く犯人を捕まえてもらわなければ、子どもたちを外で遊ばせるわけにもいかない……。

そのとき、突然、チャイムが鳴った。午前7時半、こんな朝早くから誰だろうか。恵は、もしかして事件についてのインタビューではないかと思い、鏡の前でさっと髪型を整えた後、玄関に向かった。

扉を開けると、ふたりの男性が門の前に立っていた。ひとりが警察手帳を出し、夫に事情を聞きたいので、署まで同行願いたいという。

恵は慌てて夫のもとに向かい、警察が来ていることを伝えた。夫の表情は一瞬凍りついたように見えたが、すぐにいつもの様子に戻り、会社でトラブルがあったと説明した。大したことではないので、いつも通りに夕飯までには戻ると言い、警察官の車に乗り込んだ。

殺人事件とは関係ないのだろうか……。ふと、不安がよぎったが、まさかそんなことがあるはずがない。恵はすぐに不安を打ち消した。

しかしその日、子どもたちに「行ってきます」の一言も言わずに家を出ていった夫は、それから二度と戻ってこなかった。

数日後、夫は近所で起きた殺人事件の被疑者として逮捕された。

加害者家族が、身内が起こした事件を知るきっかけはさまざまだ。本件のように、任意同行を求められて、そのまま戻ってこないというケースもある。

家族の逮捕を、報道によって知ったという人も少なくない。逮捕された加害者が、警察官や弁護人に、家族と連絡を取りたいと言わなければ、逮捕の事実が知らされないこともある。

痴漢や万引きなど比較的軽微な事件では、加害者は、逮捕の事実を家族に知られることなく、釈放されるケースもある。

家族は初めての逮捕だと思っていたが、実は過去にも逮捕されていた事実を後に知ることも稀ではない。

本章では、事件の発覚から加害者が刑務所を出所するまで、加害者家族に起こりうることを順に見ていく。

刑事ドラマでは、犯人逮捕が、裁判ドラマであれば、判決の言い渡しが事件の終結である。

しかし加害者家族にとって、逮捕や判決の言い渡しは事件の区切りではあっても、決して終わりではないのだ。

報道陣によって息子の逮捕を知る

「不謹慎かもしれませんが……、あのとき、おそるおそるカーテンの隙間から見た景色は、まるで映画のようでした」

安達武雄（70代）は、日本中を震撼させた凶悪事件の加害者家族だ。事件を起こした息子とは10年以上も音信不通だった。息子の事件は、突然詰めかけてきた報道陣によって知った。報道陣は数日間、家族が暮らす自宅を取り囲み、一斉にフラッシュを浴びせた。

辺りは煌々と明るくて騒がしく、ヘリコプターまで飛んでいた。息子の逮捕と同時に、被害者の遺体も発見されていた。遺体が埋められていた場所は、家族が生活している家からそう遠くないところだった。

逮捕の日、妻は、自宅2階の息子の部屋で、がっくりと肩を落として正座をしていた。

武雄が静かにそばに近づくと、妻の目の前には包丁が置かれていた。

「ごめんなさい……、どうしても、できないんです。お願いできますか？」

妻はうつむいたままそう言うと、目の前にある包丁をさっと武雄の足元に移動させた。

武雄は妻を殺して、自分も死のうと思った。なのに、どうしても、手に力が入らない。包丁を握りしめては落とし、もう一度握っては落とした。とても人を殺すことなんてできない。息子は、なぜできたのだろうか……。親として、せめてその理由を知るまでは、生きているべきではないだろうか。死ぬのは、それからでも遅くない。武雄はそう思い直した。

「私たちが口を閉ざしている間、マスコミは私や妻の親族のところに行きました。私たちが先に逝けば、責任は、他の親族が取らされる。だから生きることが、責任を取ることでもあると思いました」

メディアスクラム（集団的過熱取材）は津波のようにいっきに押し寄せ、いっきに引いていく。加害者家族の人生すべてを奪うと言っていいほどだ。

窃盗でも報道陣が家に押しかけ、引っ越すハメに

相原真由美（30代）は、数カ月前に生まれたばかりの娘と5歳の息子と暮らす専業主婦で、夫は自営業者だった。

ある日、夫が近所の家電量販店から電子機器1台を盗み、窃盗罪で逮捕されたという連絡を受けた。あまりに突然の出来事で信じることができず、警察署に電話をし、連絡をくれた担当警察官の名前を確認した。すると、夫は警察署に勾留《こうりゅう》されており、逮捕は間違い

ないことがわかった。

電話を切るやいなや、報道陣が殺到するのではないかと不安が襲ってきた。窓のカーテンを閉め、隙間から外の様子をうかがっていると、テレビ局の車と思われるワゴン車が1台停まり、中から大きなカメラを担いだ男性とスーツを着た男性がアパートに近づいてくるのが見えた。

真由美は急いでテレビを消し、子どもたちをお風呂場に連れていった。玄関のチャイムが鳴ったが、息を殺すようにして、留守を装った。すると、不在だと思ったのか、取材陣の足音は一瞬遠のいた。外を確認すると、テレビ局のものらしきワゴン車はまだ停まっている。

おそるおそる玄関に近づくと、遠くからチャイムを鳴らしている音が聞こえた。どうやら、取材陣は近所に取材を始めたようだった。

微かに夫の名前が聞こえた。真由美は、アパートの住人まで巻き込む事態となっていることを知り、関係のない人への取材をやめてもらうべく、外に出ていこうと思った。

しかし、恐怖で足が震え、外に出ることはできなかった。躊躇している間に、いつの間にか外の報道陣らしき車や人影は消えていた。

その日の夕方、真由美のアパート近くに住んでいる大家さんが事情を聞きに訪ねてきた。真由美は、夫の事件によって迷惑をかけてしまったことを深く詫びたが、大家さんは、一刻も早く立ち退いてほしいと言って聞かなかった。

昼間に現れた報道陣は、真由美が留守を装っていたことから、アパートの101号室から順番にチャイムを押していき、部屋を特定しようとしていたようだった。大家さんのところには、突然の取材に驚く住人からの苦情が殺到し、対応に追われたという。

さらに、大家さんは、昼間のニュースでこのアパートが犯人の自宅として映ってしまったことから、その後、退去者が出たり、入居者がいなくなることを心配していた。頼る親族もいない真由美は、突然の立ち退き要求に困り果ててしまった。

翌日、外に出ると、ドアに「犯人の家ココです。」という紙が貼ってあった。郵便受けには、「ふざけんな泥棒」「出ていけ」「死ね」と書かれた紙が投げ込まれていた。真由美は恐ろしくなり、引っ越しを決意した。

乳飲み子を抱えての家探しは大変だった。どんな条件の悪い物件であっても、今の環境よりは安全だと思い、不動産屋を訪ねたが、専業主婦の真由美が家を借りるのは容易なことではなかった。賃貸契約には保証人が必要だが、引き受けてくれる人などいない。夫はこれから仕事に復帰できるかどうかもわからない。不動産屋を3軒回ったが、すぐに引っ越せるような物件は見つからなかった。

住む家がなくなるかもしれない……。追いつめられた真由美は、子どもたちを連れて心中しようかと考えた。これからいったいどうやって生きていけばよいのかわからなかった。

結局、死ぬことができないまま途方に暮れて自宅に戻ると、夫の弁護人から留守電が入っていた。真由美はすぐに連絡を取ると、夫はすでに店側に被害弁償を済ませており、まもなく釈放される見込みだという。

真由美は、この知らせに安心して涙がこぼれた。一度は自分たち家族を地獄につき落とした夫を許せないと思ったが、結局、頼れる人は夫しかいなかった。その後、真由美と家族は、夫の実家で静かに生活をしている。

連日起きている犯罪の中でもメディアスクラムにさらされる事件は、重大事件や著名人が起こした事件であることが多い。その他の事件は、その時々によって報道のされ方が変わってくる。

しかし、今回のような著名ではない男性による窃盗であっても、報道陣がアパートに押しかけて大家さんを怒らせ、引っ越しを余儀なくされることはあるのだ。

家族に群がる宗教団体や霊媒師

「信仰心が足りなかったことが事件が起きた原因だと言われ、目が覚めたような気持ちになったんです」

井上郁子（60代）は、次男が殺人事件を起こしたことをきっかけとして、ある新興宗教に入信した。

郁子は、息子がなぜ事件を起こしてしまったのか、その原因がわからず悩んでいた。息子は定職に就かず、家のお金を盗んだり、勝手に車を売ってしまったりする放蕩者だった。しかし、暴力的なところはなく、喧嘩や他人に危害を加えるような事件を起こしたことは一度もなかった。まさか、殺人を犯すなど想像すらできなかった。

郁子は、子育てに自信があったわけではないが、人並みの躾《しつけ》はしてきたと思っていた。特別に厳しくしたわけでも、甘やかしたわけでもなかった。現に、他のきょうだいは問題なく育っている。同じように子育てをしてきて、なぜ次男だけが犯罪者になってしまったのか。もしかして、これから長男や長女が問題を起こす日も来るのだろうか……。

当たり前に続くと思われていた日常が崩れ去り、底知れぬ不安を抱える毎日。郁子は、何かにすがりたい一心で入信していた。

しかし、不安が解消されたのは、ほんの一時だった。息子とは面会でどのように接するべきなのか、被害者のご遺族に対してどのような対応をしていけばよいのか、祈りから答えを得ることはできない。郁子は、具体的な助言が欲しいと思うようになった。そして、次第に信仰心は薄れていった。

事件後、加害者家族を追いかけるのは報道陣だけではない。多くの加害者家族は、いろいろな宗教関係者が自宅を訪ねてきたと話している。

実際に、勧誘を断れなかったという加害者家族もおり、宗教に関するトラブルも少なくない。

宗教者に交じって、占い師や霊媒師も現れるという。こうした占いなどに多額の金銭をつぎ込んでしまったという加害者家族も多い。孤立無援な状況で、差し出される救いの手があれば、藁《わら》にもすがる思いでしがみつくのだろう。

このように、待ってましたとばかりに寄ってくる怪しい人たちには、くれぐれも注意が必要である。

警察から丸裸にされる

石澤聖子（40代）の夫は、金銭トラブルから知人を殺害した。事件当時、勤務していたはずの会社はすでに倒産しており、毎月振り込まれていた給料は、殺された被害者から奪った金だった。

聖子は、夫が逮捕される前から警察署に呼ばれ、連日、長時間にわたる事情聴取を受けていた。

夫が犯行を否認している間は、特に厳しい尋問が続いた。事情聴取の内容からすると、おそらく妻の聖子も共犯の可能性があると思われていたようだ。同居していながら、なぜ犯行に気がつかなかったのか、連日厳しく追及された。

なぜ犯行に気がつかなかったのか、聖子自身がその問いに悩まされ続けた。当時を振り返ると、確かに給料として振り込まれている金額は増えていた。また、夫が長期の海外旅行をしたり、車を買い替えるなど、生活は明らかに贅沢《ぜいたく》になっていた。

聖子は、急に給料が増えたり、夫から海外旅行の提案があったことを不思議に思った瞬間はあったものの、その理由を深く問いただすことはしなかった。

長年介護してきた夫の母が亡くなり、夫にも精神的余裕ができたのだと考えていた。まさか、夫が犯罪に手を染めているなどとは夢にも思わなかった。

聖子に対する事情聴取はひと月に及んだ。毎日どこへ誰と何をしに行き、何のためにお金を使ったのか、私生活のすべてを暴かれ、夫との性生活についても質問された。答えに窮すると、怒鳴られることもあった。連日にわたる密室での尋問によって、聖子の自尊心は完全に打ち砕かれた。

このように加害者家族も、警察や検察から事情聴取を受けることがあり、屈辱的な思いをする。

逮捕された者には自動的に弁護人が選任されるが、聖子のような「参考人」という立場では、自ら弁護士に依頼をして対応を相談するほかない。

しかしながら多くの人にとっては、自分がどのような立場にあるのかさえわからず、警察の言いなりになるしかない。

聖子は、このような状況を夫の弁護人に相談したが、参考になる助言はおろか、親身になってくれる様子さえなかった。

加害者家族に味方はいない

「示談金50万円を用意しておいてください」

「ご主人が冬物の服を差し入れてほしいそうです」

弁護人は、こういったメールを家族に送ることがある。いろいろと用件を頼まれる一方で、捜査はどのような状況にあるのか、なぜ犯罪に手を染めたのか、事件に関して知りたいことは山ほどあるが、こうした質問に回答してもらえないことも多い。

逮捕直後、加害者は、外部との面会が禁止されることがある。

面会が許可された場合でも、話題は体調の確認など当たり障りのない話題に限られ、事件の詳細について話をすることはできない。

加害者本人から事件について直接話を聞けない家族にとって、事件に関する情報を入手するための頼みの綱は弁護人である。

しかし弁護人は、あくまで依頼人である加害者の利益を目的とした弁護活動を行うことが責務であり、加害者家族との関わりも、その範囲に限定される。

加害者が、家族の協力を積極的に求めているケースでは、弁護人と加害者家族が密にコミュニケーションを取ることもあるが、加害者と家族の関係がよくないケースでは、弁護人は家族といっさい接触しないこともある。

弁護人は、加害者家族に近い存在でありながら、家族を守る義務はなく、加害者との関係次第では敵対しうる存在でもある。

しかし加害者家族は、事件当時、たとえ加害者と絶縁状態にあったとしても、同じ家族であるがゆえに報道陣に追いかけられ、否応なしに事件に巻き込まれていく。

その一方で、加害者と「家族である」という事実をもって、事件の情報を優先的に入手できるわけでもなく、事件の蚊帳《かや》の外に置かれるのだ。

加害者家族は、事件の真相を、裁判やニュースによって知らされることも少なくない。そして、それらは加害者家族にとって、知りたくはなかった残酷な事実であるのだ。

夫が強姦罪で逮捕

結婚して2年目を迎えた大沢尚美（30代）は、順調に結婚生活を送っていた。そろそろ子どもをつくってもいい時期ではないかと思っていた頃、信じられない事件が起きた。夫が強姦《ごうかん》罪で逮捕されたのだ。

尚美は、冤罪に違いないと思った。しかし夫の弁護人によれば、夫は容疑を全面的に認めており、妻には会いたくないと話しているという。これまで夫におかしなところはなく、ごく普通に生活を送ってきたのに、まさか強姦罪で逮捕されるとは……。

尚美は、些細《ささい》なことでもよいから事情を教えてほしいと弁護人に詰め寄ったが、依頼人との守秘義務から、事件の詳細は伝えられないと言われた。

尚美は、本人の口から真相を聞きたいと思い、警察署に勾留されている夫に面会に行った。面会室に現れた夫は、ただうつむいて泣いているだけで、尚美が投げかけた質問は、すべて立ち合いの警察官に止められてしまった。

被害者は誰なのか、気になって仕方がなかった。しかし、警察の話によると、被害者に関する情報は、いっさい教えられないということだった。

事件は、地元紙に掲載され、尚美の親族にも知られるところとなった。尚美の親戚は皆、一刻も早く離婚をするようにと勧めた。しかし、尚美はまだ、冤罪という可能性を捨てきれなかった。

取調べがどう進んでいるのか全く状況が摑めず、もどかしい思いのまま、夫は起訴され、逮捕から数カ月後に裁判を迎えた。

裁判を傍聴した尚美は、耐え難い事実を知ることとなった。夫は、結婚前から被害女性に好意を寄せており、プロポーズまでしたが断られていたのだ。その後も思いを断ち切ることができず、度々被害女性を食事に誘ったり、会社帰りに待ち伏せしたりしていたのである。

夫が被害女性に送ったメールの文面が証拠として読み上げられ、「妻とは仲はいいが、性的魅力を感じない」と書かれていることがわかった。

夫の裏切りが次々と明らかになるなかで傍聴を続けることは苦しかったが、尚美は最後まで見届ける決意をした。裁判が進むにつれて、尚美は嫌な予感を抱き始めていた。証拠として提出されている被害女性と夫との会話などから、被害女性は自分も知っている女性のような気がしたからだ。もしそうであったとしたら、これ以上の屈辱はない。

尚美の予感は的中した。被害女性の証人尋問当日、尚美は裁判所で、結婚まで勤務していた会社の後輩の姿を見たのだ。

法廷での証言は命がけ

加害者家族は裁判で、弁護人から「情状証人」としての出廷を求められることがある。

情状証人とは、刑事裁判において、加害者の刑を軽くするために有利な証言をする人をさす。加害者をよく知る人物でなければならないため、家族が引き受けるケースが多い。

裁判は公開を原則としており、さまざまな人が傍聴に来ている。記者をはじめ、被害者やその家族、被告人の友人や同僚など、法廷では加害者家族が顔を合わせたくない人に会ってしまうことがあるのだ。

高校教師をしている飯田幸子（50代）の夫は、詐欺罪で逮捕・起訴された。

幸子は、結婚後も職場では旧姓を使用しており、事件を起こした夫と夫婦であることは、職場の人間には知られてはいなかった。

幸子は、これからも夫婦として、できる限り夫に協力したいと考えているが、情状証人を引き受けるかについては、死ぬほど悩んだ。夫の弁護人からは、執行猶予つき判決を確実にするためにも、なんとか出廷してほしいと頼まれていた。幸子は、夫が服役することはどうしても避けたいと思い、証言する覚悟を決めた。

幸子は、証人を引き受けたものの、証人尋問当日までは地獄のような日々だった。傍聴席に、怒り狂う被害者やその家族、勤務先の生徒や保護者がずらりと並んで自分を見ている悪夢に連日うなされた。

運悪く、証言する日は夏休み中である。生徒の中でも裁判傍聴が流行《はや》っており、裁判所は学校からも近いことから、学校関係者が傍聴に来る可能性がある。同僚の中にも傍聴が趣味だという教師がいた。

幸子は、裁判当日までさまざまなことを思い巡らし、ストレスから円形脱毛症になった。食欲不振から体重はひと月で10キロ近く減り、不眠が続いた。次第に集中力がなくなり、車の運転が困難になるなど日常生活に支障をきたすようになった。

証人尋問当日、幸子は、知人に会ってもわからないように、普段は着ないようなパンツスーツに身を包み、髪の毛はひとつにまとめて眼鏡をかけ、法廷に入るまではマスクをしていた。

保釈されていた夫と一緒に法廷に入る瞬間は、胸が張り裂けそうだった。扉を開け、傍聴席に知り合いが誰もいないことがわかると、幸子はようやく胸をなで下ろした。

幸子への証人尋問は10分程度だった。検察官と裁判官双方から、同居人としてしっかり監督できるのか何度も確認されたが、無事に予定通りの証言を行うことができた。

法廷を出た幸子は、幸子が教える高校の制服を着た生徒が数名、2階から降りてくる姿を発見し、思わず夫と弁護人の陰に身をひそめた。2階の大法廷では、社会的に注目された事件の裁判員裁判が行われており、その日は多くの人が傍聴に訪れていたようだった。

加害者家族にとって法廷で証言することは、命がけという場合も少なくないのである。

受刑者から連絡がなければ収監先はわからない

どこの刑務所に収監されたか、家族であっても、公的なルートで知らされることはない。家族は、加害者本人からの手紙を待つほかないのだ。東北地方で事件を起こした小川芳子（70代）の息子は、北海道の刑務所に収監されることになった。

そのため芳子は2カ月に一度、片道5時間をかけて息子に会いに行く。年金生活だったが、面会の旅費を工面するためパートを見つけなければならなかった。息子の逮捕は今回で二度目だった。乱闘の末、相手を死亡させてしまい、傷害致死罪で10年の実刑判決を受けた。

刑務所は、交通の便が悪い場所にあることも多く、タクシー以外の足がない。

「○○刑務所までお願いします」

芳子は運転手に行き先を告げるたび、その反応に怯えた。刑務所に行く人など、そう多くはない。運転手は何を思っているのだろうか。30分間の車中での会話はいつも恐怖だ。

初めて面会に訪れた日、現地は年間最低気温を記録していた。寒さと緊張で、芳子の体はすっかりこわばっていた。車を降りるとき、

「お母さん、身体《からだ》に気をつけてな」

と、おつりを渡しながら微笑んでくれた運転手の対応に、心が温かくなり、思わず涙がこぼれた。

日本では、ほとんどの刑務所が面会を平日に限定しているため、家族は仕事を休まないと面会に行けない場合も多い。遠方に収容されている受刑者の家族などは、2日間かけて行き来している。それでも、面会時間は30分程度と決まっている。面会が込み合う時期は、短縮される場合もある。

当日、受刑者が、刑務所内の規則違反などにより懲罰を受けている場合や、面会できる状態ではないと刑務所側が判断した場合には、面会できないこともある。

芳子の息子は、70歳をすぎた母親が、毎回、長時間かけて面会に来る姿を見て、涙するという。

「息子のことは諦めていない。絶対に信じて待っている。その気持ちを面会に行くことで示したい。それがせめてもの親の務めかと思っています」

出所してからも家族の苦悩は続く

及川真理（30代）の兄は、5年以上前に酒場で喧嘩になった相手を誤って死亡させ、傷害致死罪で4年6カ月の実刑判決を受けて服役していた。その兄が刑期を終えて、刑務所から戻ってくる日、母は久しぶりにおいしいものでも食べさせてやろうと、いつもより格段に豪華な食事の準備をしていた。

真理は、どこか嬉しそうな母の様子が気に入らなかった。

「お兄ちゃん、刑務所から帰ってくるんだからね。留学から戻ってくるわけじゃないんだから！」

真理は母にそう言うと、「外で食べてくるから」と言い、家を出た。

真理は、兄の出所を祝う気になどなれなかった。兄は、自分が犯した罪をどこまで理解できているのか。真理は、兄が戻ってくることが不安で仕方なかった。

兄のせいで結婚は破談になり、その後、交際し始めた男性も事件のことを知り、去っていった。

事件当時勤めていた職場にもいづらくなり、退職してからはずっとフリーターだ。兄の事件を知られたら辞めなければならない。そう思うと、フリーターしか選択肢がないのだ。

兄が事件を起こして以来、家の外ではいつもどこかびくびくしている。

「真理ちゃん」と声をかけてきたのは近所に住む遠藤さんで、噂好きのおばさんだ。事件後、母がうっかり遠藤さんに話したことが、全部週刊誌に載っていた。

遠藤さんは、どこから情報を仕入れたのか、「そろそろ、お兄ちゃん戻ってくるの？」と聞いてきた。これからしばらく、この近所の話題の中心は、出所後の兄のことだろう。

翌朝、真理は、母が誰かと話す声で目を覚ました。何が起きたのか、兄に尋ねると、今朝、母が出したゴミの中にお酒の空き缶が数多く入っており、それを見つけた近所の人が怒っているのだという。昨夜、出所祝いということで、母も兄もお酒を飲んだらしい。

兄が、お酒に酔った状態で事件を起こしたことは近所の人たちも知っており、彼らは出所するやいなや、飲酒するなど反省が足りないと怒っているのだそうだ。

真理は、昨日、浮かれていた母にもっときちんと注意をしておけばよかったと後悔した。近所の人にそこまで言われる筋合いはないと怒る兄を、真理は必死になだめた。

加害者家族という立場になってから、世の中の不条理にはすっかり慣れてしまった。言われる筋合いのないことをとことん聞き、謝る必要のない場面でもとにかく頭を下げる。こうして家族は居場所を確保してきた。

塀の中にいた兄には、社会的制裁の怖さがまだわからないのだろう。

加害者が刑期を終えて、社会に戻ってきても、加害者家族にとって、事件は終わらないのだ。

第二章　加害者家族はこうして苦しむ

犯罪者は平凡な家庭から生まれる

「殺人事件の犯人は、動物を殺したり虐待したりするって言うじゃないですか……、うちの子はペットをとても可愛がっていたし……」

「人を殺したいって言われても、まさか本当にするなんて……、勉強もできる子だったし……」

「うちの家族は誰も暴力を振るったりとか、大声あげたりしないんですけど……」

当団体（World Open Heart）が受けてきた相談の中で最も多い罪名《ざいめい》は、殺人である。

1968年、4人を射殺した永山則夫氏は、極貧家庭に生まれ、家族の愛情に恵まれなかった、その不幸な生い立ちに注目が集まったが、私は近年起きている殺人事件の中で、このようなケースに出会ったことはない。

当団体の相談は無料であるが、転居や就労支援にあたって、相談者の経済状況を確認することもある。実感としては、経済的に「中流」と言われるような家庭が多い。凶悪犯罪の背景には虐待も多いと思われたが、あからさまな暴力にさらされていたというケースはそう多くはなかった。ほとんどの家庭が、どこにでもある普通の家なのだ。

悩みを抱えた加害者家族がどのように当団体の情報を入手するかというと、インターネット経由が約40％で、「加害者家族支援」「家族・逮捕」などの検索キーワードから当団体のホームページに辿り着いている。テレビや新聞記事、書籍経由が約30％であり、その他は弁護士などからの紹介である。全般的には、社会問題に敏感で、知的水準が高い傾向が見られる。

セックスレスでない夫婦からも性犯罪者は出る

家族が事件を起こすと、「家族なのにどうして気がつかなかったのか」「本当は知っていたのではないか」などと社会から責められることがあるが、実際、事件を起こした加害者家族のほとんどは、犯行に気がついていない。

家族が犯行に気がつくのは、警察が訪ねてきたときや逮捕の瞬間など、事件が公になったときである。後から振り返ると、加害者の服装が派手になっていたり、帰宅時間が遅い日が続くなど「予兆」と思われる出来事に思い当たることはよくある。

しかし、多くの加害者家族は、こうした家族の変化を、犯罪と結びつけて考えることはない。それゆえ逮捕後に、「あのとき、気がついていれば……」という自責の念に苛まれるのだ。

性犯罪者の中には、結婚している人も少なくない。性犯罪に走るということは、すでに夫婦関係は破綻しているのではないかと考えるかもしれないが、セックスレスでない夫婦からも性犯罪者は出ているのだ。

多くの家族が、子どもの非行や配偶者の浮気といった問題を起こすことは想像できたとしても、身内が犯罪にまで手を染めるとは考えない。

「家族」という安心感が「真実」を見えにくくしてしまうことが、現実にはとても多いのだ。

事件後の出費は平均600万円！

事件後、被害弁償、損害賠償など事件の処理に伴う出費や転居の費用、面会にかかる交通費など、加害者家族が背負う経済的負担は予想をはるかに超えていた。

相談者の中で、重大事件の家族のみを対象に、逮捕から判決確定までにかかった費用を調査したところ、平均金額は、約600万円だ。

息子が強制わいせつ致傷罪で逮捕されたAさんの場合、3名の被害者に100万円ずつ示談金を支払い、私選弁護人の費用に約300万円を要した。

夫が出張中に強姦致傷罪で逮捕されたBさんは、被害者に300万円を支払い、夫が逮捕された場所が遠方であったことから、面会のための旅費に、判決確定まで約50万円を要した。

息子が振り込め詐欺事件の犯人のひとりとして逮捕されたCさんは、示談金として500万円を支払い、私選弁護人の費用に100万円を要した。

未成年の息子が傷害致死罪で逮捕されたDさんは、遺族に1000万円の支払いをした。

A～Dの相談者に資産家はいない。自宅を売却したり、親族から集めたり、借金をするなどして捻出したお金である。子どもの教育費や老後の蓄えは、一瞬にして消えてしまう。

こうした事件による出費は、残された子どもたちの進路にも大きな影響を与える。

未成年の子どもがいる家庭の50％が、「進路の変更を余儀なくされた」と報告している。学費が支払えなくなって、私学で学んでいた子どもたちが、退学したり転校せざるを得なくなるケースも少なくない。

被害弁償や損害賠償の支払いは加害者本人の債務であり、家族が必ずしも負担する必要はない。しかし、社会的責任を強く感じている加害者家族は、経済的援助に積極的な傾向にある。

また、加害者家族が世間から最も批判されるのは、「普通よりいい生活をしている」と見られる場合である。

たとえば加害者のきょうだいが通っているのが「有名私立学校」「医学部」などという情報が洩れると、攻撃の対象になりやすい。それゆえ、被害者にはできる限りの支払いをしたうえで、慎ましい生活を心がけていることが多い。

家族は損害賠償をどうしているのか

事件によって、家族が損害賠償責任を負うケースは少なくないが、近年、報道で大きく取り上げられたのは、子どもの自転車事故によって、親権者が高額の損害賠償責任を負わされたケースである。

神戸地裁平成25年7月4日判決は、自転車で60代の女性に正面衝突し、重傷を負わせた11歳の少年の親権者に、約９５００万円の損害賠償責任を負わせている。

自転車は保険加入が義務ではないことから、任意保険に加入していなければ、加害者やその家族は高額な損害賠償を負担することになる。こうした判決を受けて、関西では、自転車購入にあたって保険加入を義務づける条例ができた。

それでも当団体には、子どもが起こした事故により経済的負担に悩まされる親権者からの相談が絶えない。

親権者が子どもの非行を放置していたり、子どもが過去に何度も事故を起こしているにもかかわらずバイクや自動車を買い与えたりするなど、親権者としての監督義務を怠ったと判断された場合は、損害賠償責任を負うことになる。

交通事故の場合は、一定の賠償金や弁護士費用は保険によってカバーされる。

だが未成年の子どもが人を殺した場合などに備える保険はない。

資力のない家族は、どのように対応しているのか。３人の中学生が集団で暴行を加え、被害者が死亡した事件で、加害者3人とその親権者である親に約8000万円の損害賠償の支払いが命じられた。

本件は、夏休み中に起きた事件であり、親権者は加害者が夜間に出歩いて飲酒や喫煙をしている行為を放置していたことから、監督義務を怠ったと判断された。

加害者3人の親権者A、B、Cのうち、Aは、遺族に対して約2000万円を支払っていた。Bは母子家庭で、支払いができていないようだった。Cもまた母子家庭できょうだいもおり、いっさい余裕のない生活の中で、責任を果たさなければという思いと、それが叶わない現実に苦しんでいた。

被害者が民事裁判を起こすのは、金銭を得ることよりも、刑事裁判の中では不十分だった真相を解明したり、加害者側の責任を明確にしたいという目的からだと思われる。勝訴しても、財産のない相手から金銭を得ることはできないからだ。

Cは、賠償額には満たないが、償いとして、毎月の収入の中から精いっぱいの金額である1万~2万円を毎月遺族の口座に振り込み、月命日には被害者の墓参りを続けることを遺族に約束した。

こうした贖罪《しょくざい》行為は、加害者家族の自責の念を軽減することにも繋《つな》がっている。これまで真面目に生きてきた人にとって、人としての責任を果たしていないという後ろめたさは、日常生活を送るうえで想像以上に精神的負担になるのである。

逮捕を知り、中絶を選ぶ新妻

東京・日比谷のカフェで、私は相談者の武田かおり（40代）を待っていた。東京地裁で開かれる公判の休憩時間に、話を聞く予定になっていた。スタイリッシュなスーツに身を包み、上品にメイクされた顔からは、疲れや悲《ひ》愴感《そうかん》は見られない。しかし、かおりが抱えている問題は深刻だった。

かおりは数カ月前に結婚したばかりだったが、ひと月前に夫が詐欺罪で逮捕されたのだ。夫は、逮捕前から勤務していた会社とトラブルを起こし、解雇されていた。入籍した時期、夫は求職中で、姓を変えたのは夫だったこともあり、かおりは会社に結婚の報告をしていなかった。

かおりは子どもを持つことを強く望んでおり、妊娠のタイミングで退社を考えていた。夫が逮捕されたときは新居が見つからず同居していなかったことから、かおりが事件の捜査に巻き込まれるようなことはなく、仕事への影響もなかった。

問題は、夫が逮捕された後に、妊娠が発覚したことである。年齢的に最後の妊娠になるかもしれず、かおりは悩んだ。このように、夫の逮捕後に妊娠が発覚したというケースも少なからずある。

微罪ですぐに釈放される見込みのある事件以外では、中絶を選択する女性の方が多い。理由は経済的な不安もあるが、それ以上に、生まれてくる子が犯罪者の子どもとして差別されることを恐れるからだ。

かおりの夫は、数年間は刑務所に入ることは避けられない状況にあり、かおりは中絶を選んだ。

差別と因果応報

個人の資質や能力が理由ではなく、加害者側の家族に属しているという事実のみによって、排除したり無視することは差別である。

インターネットが普及した現代では、家族の犯罪情報を隠すことが難しく、加害者家族は以前より社会的差別にさらされやすいと言える。

一方で、因果応報と言えるようなケースもある。相談者の中には、今でこそ殊勝な態度で支援を求めているが、その言動から、事件前は相当周囲に対して恨みを買うような態度を取っていたのだろうと推測できる人もいる。

「金の切れ目が縁の切れ目なんでしょうね……、あいつら、仕事もできないくせに金、金って！」

夫が詐欺罪で逮捕された梅村晴美（50代）は、社長夫人から加害者家族に転落。相談に現れるなり、悪態をついた。会社はいわゆるブラック企業で、夫婦は贅沢に暮らし、晴美は社長の妻という立場を利用して、業務とは関係のないことで従業員をこき使うなど、やりたい放題していた。

社長が逮捕されると、会社は倒産に追い込まれた。自宅には報道陣だけでなく、給料が支払われていない従業員が押しかけ、晴美に詰め寄った。

晴美は対応に困り果て、これまでつき合いのあった弁護士や税理士に泣きついたが、報酬が支払われる目途が立たないことから、相談すら断られていた。親しくしていた従業員も、晴美に同情する者はひとりもなく、友人たちからも着信拒否をされるほどだった。

加害者家族が事件をきっかけとして、これまで親しくしていた人に手のひらを返されることは確かにある。しかしその一方で、事件後も、態度が全く変わらない人たちもいる。

事件発覚後に頼れる人が存在するかどうかは、それまでの行い次第なのだ。

私は、加害者家族と向き合うようになってから、日頃の行いというものがいかに大切か、心から痛感するようになった。

取材に口を閉ざす家族

加害者家族支援を始めてから、加害者家族に関する取材依頼が絶えない。報道陣だけでなく、研究者や学生からの依頼も多い。

2010年、NHKの番組「クローズアップ現代」で、初めて真正面から加害者家族の問題が取り上げられ、大きな反響を呼んだ。当時ディレクターだった鈴木伸元氏は後に『加害者家族』（幻冬舎新書）を出版し、以来、犯罪者の家族の呼称として、「加害者家族」という言葉が社会で用いられるようになった。

被害者やその家族については、実名・顔出しで取材に応じるケースも多いが、加害者側となると、社会からの批判を懸念して、口を閉ざすケースが多い。罪を犯した加害者より、その家族の方が、プライバシーを公開することに慎重だ。加害者家族であることが公になることで、親族全体にどのような影響が出るかわからないからである。

直接的な報道被害を経験してきた加害者家族にとって、マスコミに対する抵抗感は強く、彼らを擁護する趣旨の取材であっても、進んで話そうとする加害者家族はほとんどいない。

映像メディアでは紙媒体より、加害者家族への取材のハードルは格段に高くなる。これまでテレビ局から加害者家族についての取材依頼もいくつかあったが、8年間で映像になったのは、「クローズアップ現代」だけである。

ことほどさように、加害者家族が第三者に本音を語るには丁寧なアプローチが不可欠であり、制作にかかる時間や費用に余裕がなければ実現は難しい。

NHKの鈴木伸元氏は当時、私の活動拠点である仙台にまで何度も足を運んでくれた。通常、メディア関係者が加害者家族に取材をするときは私たち支援者頼みだったのだが、鈴木氏は独自に取材を進めており、まだ経験の浅い当団体スタッフが知らない情報も数多く入手していた。そうした姿勢が、スタッフや相談者からの信頼を得て、前例のない番組が実現したと思われる。

このような理由から、加害者家族の現状がメディアを通して一般に伝えられる機会は、今後も多くはないだろう。しかしながら、映画や小説、書籍などを通して、加害者家族への理解が少しでも深まることを私は願っている。

第三章　疑われるのは、まず家族

疑われる同居人

「全員グレーだ」

自宅で長女の遺体が発見された一家は、その言葉に凍りついた。

父親と長男、次男は、それぞれ携帯電話を没収され、警察署に同行を求められた。尋問は厳しく、ポリグラフ（嘘発見器）検査にまでかけられた。

家族の中で最も疑われたのは、次男だった。任意の事情聴取は、朝9時から夜9時くらいまで連日続いた。

事件の担当捜査官は、次男に対して、

「お前は嘘をついている！」

と大声で怒鳴り、机を叩いた。ポリグラフ検査で反応が出たということで、次男は、自分が犯人にされるのではないかと恐ろしくなった。

「何もしていません」

「じゃ、誰がやった？　お前が違うなら父親か？　お前と兄がやったのか？」

「わかりません……」と言うしかない次男に、「じゃ、お前だな！」と何十回も大声で責められ続けた。次男は父か兄が逮捕されるかもしれないという不安から、自分がやったと言うべきではないかと思うようになったという。

しかし、その後逮捕されたのは、長女と交際していた男だった。

交際相手は定職に就かず、長女の収入を頼りに生活していた。長女が別れ話を切り出すと、男は逆上して暴力を振るい、死亡させてしまったのだ。

本件の犯人は家族ではなかったが、次男は事件と無関係にもかかわらず、数週間にわたって犯人扱いされた。


借金苦から金銭目的でふたりを殺害した犯人の妻は、2カ月もの間、厳しい事情聴取を受けた。妻も犯行に加担していたと見られていたのだ。夫が否認を続けていた時期は、毎日5時間以上も警察署に拘束された。

事件のショックと事情聴取のストレスからうつ病になってしまったが、通院する際も警察官が同行し、病院から直接、警察署に向かった。

妻が事情聴取を断ると、代わりに子どもたちを呼んで話を聞くと言われたという。妻は、子どもたちを事件に巻き込みたくないという思いから、長時間にわたる拘束に耐えるしかなかった。

普通の人にとって、警察の出頭要請を断るすべはなく、警察署に入れば、帰らせてほしいと頼むことさえ難しい状況になる。逮捕された「被疑者」には弁護士がつくが、このような「参考人」という立場では自動的に弁護士がつくことはない。

したがって、専門家に相談するには自分で依頼するしか方法がないわけだが、この段階で弁護士への依頼を思いつく人は、そう多くはないはずである。

つまり加害者家族には、警察によるやりたい放題の捜査が行われてしまうのだ。

家庭内で殺人が起きた場合、同居している家族は、疑われることを覚悟しなければならない。捜査機関に個人で対抗するのは難しいため、早い段階で弁護士に依頼する方がいい。

潔白であるにもかかわらず弁護士を依頼したら、余計に怪しいと疑われるのではないかと考える人もいる。しかし、潔白であると思っているのは自分だけで、捜査機関から疑いの目を向けられたら、白いものも黒くされてしまうのだ。

無実の家族が自白を強要される

冤罪が身近に起こりうるという事実を目の当たりにしただけでなく、私自身も事件に巻き込まれそうになったことがある。

工藤りえ（30代）の夫は、会社の経理担当だったが、5年間にわたって会社の金を横領していたことが発覚した。会社とのトラブルはマスコミでも取り上げられ、夫が逮捕される前から、家の周りには報道陣がうろつくようになった。

自宅への出入りを常に監視されている状況で、小学生の娘は情緒不安定になり、家族は安心して眠ることすらできなくなった。

私はりえから、母娘で避難できる施設はないかという相談を受けた。ＤＶや虐待に該当するケースでは、被害者を保護するシェルターが存在するが、報道陣に追われる加害者家族を保護する施設は今のところない。

こうしたケースは、当団体スタッフの個人的なネットワークを駆使して探さなくてはならず、必ずしも見つかるとは限らない。

このときは協力者が見つかり、私はりえと娘を彼らが住んでいる隣の県の住宅に避難させた。

りえと娘が避難した数日後に、夫が逮捕された。翌日、警察からりえに「事情聴取をするので警察署に来るように」と連絡が入った。事情聴取は1日で終わると思ったが、そうはならなかった。対応が日に日に厳しくなっていくことに、りえは不安を感じた。

りえから「刑事ドラマで見るような、正面と横顔の三面写真を撮られた」と聞いたとき、私はおかしいと思った。まるで被疑者扱いだったからだ。

「今日からあなたを被疑者の家族ではなく、被疑者として取り調べます」

りえは、3日目の事情聴取の最初に、担当捜査官からこう告げられたという。

夫は、「横領を指示したのは妻だ」と警察に話していた。りえは、気がおかしくなりそうで、事件が発覚してからずっと、夫の犯行に気がつかなかった自分を責め続けていた。

「一緒に住んでいて、気がつかないことはないでしょう？」

「奥さんも横領したお金を使っていたでしょ？」

と何度も責められるたびに、悪いのは自分であるような気がしてきたという。

「お子さんが心配ではないですか？　早く話してしまえば、お子さんに会えますよ」

などと娘の話をされると、認めてしまいそうになったという。抵抗を続けるのは苦しい。早く楽になりたい、段々とそのような心境になっていった。

私は避難先の県にいる弁護士に、この状況を相談したところ、

「逮捕されてから来てほしい。裁判で無罪を争えばいいから」

と、自白を強要されそうになっているりえの現状に対して、あまりに理解のない回答だった。私は、刑事事件の経験が豊富な弁護士を探し、なんとかりえを助けようとした。


刑事事件に詳しい弁護士によると、りえに対する事情聴取の内容から、警察は彼女も犯行に加担していると見ており、逮捕の可能性も十分あるということだった。

りえが自白してしまえば、後で周囲が冤罪だといくら騒いでも、覆すことは至難の業だ。住居を提供してくれた協力者や娘を預かってくれている託児所は、あくまで母娘が事件と関係がないという前提で協力してくれていた。りえが逮捕されれば、報道陣が押しかける可能性もあり、多大な迷惑をかけることになる。

さらに弁護士から「りえが捜査の対象になっている以上、住所を移動させるときは警察に連絡しないと、あなたも犯人隠避《いんぴ》の罪に問われかねない」という忠告を受け、私は動揺した。

「私は夫がお金を盗んでいるなんて知りませんでした。でも、世間は私の話など信用しない。だから早く認めろって言われるんです……」

事情聴取の5日目、私はりえに、逮捕となった場合は責任を持って娘の面倒を見ることを約束し、彼女を送り出した。りえが逮捕されれば、娘は両親を失うことになる。私は、祈るような気持ちでりえの帰りを待っていた。

結局りえは、「任意なので帰してほしい」「弁護士に相談しないうちにサインするなと言われている」と捜査官に伝え、警察署を後にした。りえは、逮捕されても娘の生活が確保される保証を得たことで、その後の事情聴取に落ち着いて臨むことができるようになったのだ。弁護士の介入によって自白が強要されるようなこともなくなり、りえが逮捕されることはなかった。

りえの夫は会社の同僚と不倫しており、不倫相手の女性も同じように事情聴取を受けていた。不倫相手がりえを陥れようとしたのか、夫と不倫相手で仕組んだことなのか、真相は藪《やぶ》の中だ。

家族は仕事を辞めるべきか

家族が起こした事件によって、芸能人が芸能活動を自粛するケースがあるが、一般人ではどうなのだろうか。加害者家族が仕事を辞めるかどうかは、事件の内容や家族の社会的立場によってさまざまだ。

子どもが重大事件を起こした場合、教職など指導的立場にある親は辞職する傾向にある。重大事件の場合、職場にも取材が入り、同僚たちまで事件に巻き込まれる可能性があるからだ。

重大事件以外では、家族は事件のことを職場に知られることなく、働き続けているケースもある。万が一、自分が勤務していることで職場に迷惑がかかった場合を考えて、上司にのみ事情を伝えている人もいる。

小さな会社ではむしろ、人手を失うことの方がデメリットだと考え、気まずい状況から退職を希望する加害者家族を引き留める会社もある。

相談者の傾向としては、事件によって損害賠償などの経済的負担が大きくなることから、働かざるを得ない状況になるケースが多い。長年、専業主婦をしていた人も、パートやアルバイト先を見つけて働きに出ている。

自営業の場合、事件の影響で客足が遠のき、店じまいを余儀なくされたケースがある一方で、自営業だったことから職を失わずに済んだというケースもある。

当団体では、即決せずに、再就職の可能性などをよく考えたうえで、辞職や転職を決めるよう助言している。

収入がなくなれば損害賠償などの支払いも滞ることになり、償いも果たすことができなくなる。加害者家族の生活を保障する制度は存在しないことから、経済的基盤を維持する手段は手放さない方がいいのである。

家族に責任はあるのか

事件が起きると、世間は加害者だけではなく、その家族まで責め立て、社会的制裁の的にすることがある。こうした批判は、たいてい加害者家族の具体的な責任に踏み込んだ議論ではなく、家族から犯罪者を出した事実を非難しているにすぎない。

では、加害者家族に責任はないのか。加害者家族は、罪を犯したわけではないことから、責任の所在は加害者にあり、加害者同様に責められるいわれはない。

しかし、家族としての責任については、事件との関係や加害者との関係によって、さまざまである。

加害者家族が問われうる責任について整理すると、まず、法的責任と道義的責任に大別される。法的責任は、刑事責任と民事責任に分かれる。

日本には、明治時代まで、家から犯罪者を出した場合、家族に連帯責任を課す「縁坐《えんざ》」という制度が存在したが、現代では、家族が犯罪に加担していなければ、犯罪者の身内であるということだけで刑事責任を問われることはない。

事件の中には、暴力などによって脅され、家族が犯行を手伝わされたり、通報しないように口止めされたりと、犯罪に加担させられるケースも存在している。

犯罪に加担したか否かは別として、家庭の中で犯罪が起きた場合、同居人が捜査の対象となることは、すでに触れた。

実際、同居といっても家族のライフスタイルはさまざまである。同居してはいるものの、すれ違いが多く、一緒に食事を取ることも、会話をすることもほとんどない家族もいる。実際の生活がどうであったかは第三者の知るところではないが、同居しているという客観的な事実がある以上、事件に関して何らかの事情を知る人物と見なされるのである。

家族が犯罪に手を染めている事実を知りながら、犯人をかくまったり逃亡の手助けをした場合、犯人隠避の罪に問われることがある。

加害者家族は、誰に対して、いつまで、どのような責任を負うのか、ケースによってさまざまであり、家族が負いうる責任について明確にしていくのが、加害者家族支援の役割でもある。謝罪についても、責任を明確にしたうえで謝らなければ真の謝罪とは言えない。

それにもかかわらず、事件が起きると、報道を通して加害者家族は一様に責められ、形式的な謝罪会見が絶えないが、全く無意味と言わざるを得ない。

第四章　報道されれば、家族は地獄

報道されるかどうかで家族の運命は変わる

交通事故や痴漢などの条例違反、軽犯罪法違反、窃盗事件などについては、報道されるケースとされないケースがある。

微罪であっても加害者または被害者が公人や著名人、公務員であるケースは報道される可能性が高いが、これらに該当しないケースは、報道されることもあれば、されないこともあり、その基準は曖昧である。

第一章で紹介した、夫が窃盗罪で逮捕された相原真由美は、逮捕報道によって、自宅を出ていかなければならない状況にまで追い込まれた。他方で、幼児へのわいせつ行為や損害額の大きな事件など、社会的影響が大きいと思われる事件が、実名報道されないこともある。

微罪の場合、報道は事件が起きた地域の、地方版の中で小さく報道されるに止《とど》まるケースが多いが、被疑者の氏名、年齢、職業、住所も○丁目というところまで掲載されるため、そこから家族の情報が公になることもある。

一瞬の報道であったとしても、現在はインターネット上に情報が残るため、加害者家族にとっては報道されるか否かで、その後の人生が大きく左右されると言っても過言ではない。

逮捕時に被疑者を実名報道する意義として、警察が勝手に国民を逮捕していたという事態が起こらないように、つまり報道による国家権力の監視機能が主張されることもある。

しかし、そうであるならば、すべての事件が実名報道されなければおかしい。明確な基準がなく、報道側の都合で行われているとするならば、巻き込まれた家族にとってはあまりに不条理である。

実名報道は、国家権力の監視機能というよりは、社会的制裁の手段となっており、制裁は、社会から隔離される加害者よりも、社会で生活するその家族の方に及んでいるのである。

加害者を神にするマスコミ

犯罪報道が、必ずしも加害者に不利な情報だけを伝えているわけではない。

事件の過熱報道によって、犯罪者の容姿や生育歴などが多くの人の知るところとなり、中には犯罪者に関心を寄せる人たちも出てくる。

アメリカでは「プリズングルーピー」と呼ばれているが、日本でも英国女性殺害事件の市橋達也氏や、オウム事件の上祐史浩氏のファンといった、犯罪者の「追っかけ」が存在する。報道によって加害者に興味を持ち、交際したい、結婚したいといった人たちが現れることもある。

ふたりの命を奪った、ある殺人犯の両親は、報道陣を心待ちにしている息子の言動に困惑していた。事件が起訴された後、加害者は取り調べもなくなり、拘置所の中で自由な時間を過ごすことになる。何もすることがなく、精神的苦痛を訴える人もいる。このようなとき、新聞記者や著名なジャーナリストに取材を求められ、話を聞いてもらえることに喜びを感じる人もいるのだ。

その殺人犯の両親は、息子が反省しているとはとても思えない内容の記事が出るたびに、抗議や嫌がらせが増し、苦しみ続けていた。

このように重大事件を起こす犯人の中には、社会的承認欲求に飢えている人もおり、報道陣から関心を向けられることで、その欲求が満たされる場合もあるのだ。

秋葉原無差別殺傷事件の犯人、加藤智大氏の「ワイドショー独占」という歪んだ願望に、メディアは見事に応えてしまった。その後、彼を信奉する犯罪者は跡を絶たない。

加藤氏が起こした事件の背景にある孤独や劣等感は、現代の若者の多くに共通するかもしれない感情であり、単なる異常者が起こした犯罪として片づけられない面がある。

一方で、何の罪もないにもかかわらず、事件の犠牲になった被害者やその家族が、そして加藤家側にも苦しみ続けている家族が存在する。

秋葉原無差別殺傷事件から6年後、加藤氏の弟が自殺した。その事実はある週刊誌が小さく報じただけだった。

メディアでは、厳罰化を叫ぶ人と、加害者の人権を唱える人が対立するが、その狭間で加害者家族の苦しみに耳を傾ける人はいないのである。

早すぎる謝罪会見

逮捕報道に伴って、加害者家族がコメントを求められることがある。芸能人の家族が逮捕されたケースでも、逮捕から間もない捜査段階で当の芸能人による謝罪会見が行われている。

しかし実際には、この逮捕から間もない時期に事件の真相を知りうる家族は稀である。被疑者が容疑を否認しているにもかかわらず、家族が報道陣に謝罪してしまったケースもある。マイクを突きつけられた家族にとっては、半ば強制された「世間への謝罪」なのであろうが、家族が謝罪した事実は、否認を貫こうとしている被疑者にとってハンディになる場合もある。

逮捕直後は犯行を認めていても、後に否認に転じるケースもあることから、証拠が揃っていない捜査段階で家族があれこれ話してしまうことにはリスクが伴う。

謝罪の内容としては、事件に踏み込んだうえで家族としての責任について言及するものではなく、単純に、世間を騒がせたことに対する形式的なものにならざるを得ない。

事件の全体像がわかるのは、たいていの事件において、起訴された後である。

判決が確定するまでには事件発生から1年以上経過している場合もあることから、真実が見えてきた頃には世間の関心はすでに新しい事件に移っているのだ。

伝わるのは真実より面白い話

杉本凜子（40歳）の夫は、深夜、帰宅途中に腹部を刺されて死亡した。凜子と不倫関係にあったスポーツジムのトレーナー川田和彦（30歳）と、実行犯で飲食店に勤務する小林修（22歳）が殺人容疑で逮捕され、その後、凜子も川田と共謀したとして逮捕された。

凜子の夫は、凜子より一回り以上年上で、凜子と出会った頃は他の女性と結婚していた。その後、離婚し、凜子と結婚。世間では、凜子は年上の男に飽きたのか、次は若い男との情事にふけり、邪魔になった夫を殺すに至ったというストーリーが展開されていた。まさに、ワイドショーの恰好のネタとなった。

私は川田の家族からの依頼で、この事件を調査することになった。世間で最も悪者扱いされていたのは凜子だった。川田の親戚や兄弟も、川田は凜子に騙されたに違いないと考えていた。

どうしても腑に落ちないのが、実行犯の小林の存在だった。小林は、凜子の夫の帰りを待ち伏せて刺殺している。これまで前科・前歴はなく、暴力団と関係していたような事実もない。川田はなぜ、わざわざ小林に殺人を依頼したのか。小林も、なぜ殺人を引き受けなければならなかったのか。インターネット上では、小林も凜子と肉体関係にあったような書き込みがされていたが、実際、小林と凜子に男女の関係はない。

すべての謎が解けたのは、実行犯の小林の裁判のときだった。川田と小林は、10年以上にもわたる師弟関係にあった。川田は水泳のコーチとして、小林が中学生のときに知り合った。川田は小林を食事に誘うなど積極的に面倒を見るようになり仲を深めていった。小林は、成績があまり優秀ではなく、家庭の中でも劣等感を持っており、家族との関係が悪かった。

川田は、小林に家族の悪口を叩き込み、完全に家族から引き離した。そして、小林は、徐々に川田を神格化するようになった。川田は小林に、自分が一流大学を卒業し、芸能人や政治家との繫がりがあるという嘘を信じ込ませた。小林にとって、川田はいつの間にか、敵に回したら恐ろしい存在となっていった。

川田は、小林に仕事を紹介して働かせ、その給料の大半を巻き上げていた。

あるとき川田は、勤務先のジムに通ってくる人妻の凜子に目をつけるようになった。川田は、学歴や著名人との繫がりなど小林についてきたような嘘を凜子に信じ込ませた。凜子は川田にのめり込むようになり、夫に離婚を切り出したが、受け入れてもらえなかった。

そこで川田は、小林を利用して凛子の夫殺害を計画した。小林に罪をかぶせれば、自分の犯行であるとわからないだろうと考えた。

小林の仕事を世話していた川田は、小林のせいで事業に失敗し、借金ができたように見せかけ、借金を返す代わりに、殺人を引き受けるよう毎日のように小林を脅した。

幼い頃から川田に洗脳され、相談できる相手もいなかった小林は、実行するしかない状況に追い込まれた。

凛子もまた、川田に騙されていたのだった。凛子は、年齢にしてはあまりに幼く、未熟な印象で、世間で言われているような狡猾《こうかつ》なイメージとは反対の女性だった。お人好しで騙されやすく、川田の言うことを鵜呑みにしていたようだ。

主犯格である川田には懲役25年、実行犯の小林は懲役20年、共犯の凛子には懲役15年の判決が下された。本件を解く鍵は、川田のマインドコントロールであることが、心理学者による鑑定で明らかになった。

一時期は盛り上がりを見せた事件報道だったが、公判が開かれる頃には、報道陣の数はまばらで、事件を覚えている人も少なかった。

事件の核となる川田によるマインドコントロールについては、報道ではほとんど触れられず、世間では未だに、凜子の悪女説が有力である。

事件発覚で被告人の孤独を知る家族

犯罪者の心理はときに、ふつうの人には理解し難いことがある。

東京近郊に住む60代の主婦が、通貨偽造、同行使罪で逮捕された事件があった。まさかの出来事に驚いた家族は、慌てて相談に駆け込んできた。

偽札で購入したものは、すべて日用品で、被害総額は1万円程度だという。捜査の結果、事件の背景に、暴力団や宗教団体が絡んでいる可能性はないということだった。

私は相談者の自宅を訪問したが、暴力や貧困とは無縁の、ごくふつうの家庭だった。借金をしていたという事実や、早急にお金を必要とするような理由も見当たらなかった。

母親と面会した長男は、母親自身、なぜこうした事件を起こしてしまったのか、説明できない状況だという。

このような状況に弁護人も困り果て、当団体に情状鑑定の依頼が来た。

情状鑑定とは、被告人が犯行に至った動機について、面接や心理テストを通して、性格や知能、生育歴などから分析することであり、被告人の情状酌量を目的として行われるものである。情状鑑定には、心理学の専門家があたるが、当団体では、臨床心理士が担当している。

加害者家族支援において情状鑑定は、家族がこの先、加害者とどのように関わっていけばよいのかを導くうえで欠かすことのできない、重要な役割を果たしている。

臨床心理士が鑑定を行ったところ、意外な事実が明らかとなった。事件の数年前、被告人が介護してきた母親ががんを患い、余命宣告を受けて入院した。被告人は、母親を失う恐怖に苛まれるようになった。夫も単身赴任中で、実家近くに住んでいた長男も転勤で地方に移住し、以前のように訪ねてくることがなくなった。

それまでは、母親の介護や孫の世話など、しなければならないことが多々あり、常に人に囲まれた生活をしていたが、母親も入院してしまったことで、数年前からひとりの時間を持て余すことが多くなっていた。

そんなとき、孫が持っていたおもちゃの偽札を見て、コピー機を使ってお札を印刷したことがあった。思った以上に本物そっくりにでき上がり、使ったらどうなるか試してみようと思った。近くの店で使用したところ、店員は全く気がつかず、おつりが返ってきた。

その行為にスリルを覚えて、近所の店で1000円程度の買い物をした。

犯行当時、通貨偽造、同行使が重罪であるという認識はなく、万引き程度の犯罪としか理解していなかった。犯行時は子ども返りしていたところがあり、悪戯《いたずら》感覚だったという。

本件のような犯行の動機は、一般的に「利欲犯」として処理されることが多い。つまり、経済的利益を得ることを目的とした犯罪という解釈である。低価格の品物の購入であっても、経済的利益を得たことには変わりはない。

しかし、犯行当時の被告人は、経済的に余裕のない生活をしていたわけではなく、本件の動機が、利欲中心であると解釈するには不十分と思われた。

被告人は生まれて初めて、子育て、夫の世話、親の介護といったすべての役割を失い、孤独感を埋められないまま、傍《はた》から見れば幼稚で異常とさえ思われる行動で、その寂しさを紛らわせていたのだ。

情状鑑定から導かれた家族の課題は、同じ過ちを繰り返させないために被告人を孤独にさせないこと、というものだった。

もし、被告人が事件を起こすことがなかったならば、家族は誰も、その孤独感に気づかなかっただろう。家族は、被告人が追いつめられた末に自殺するような事態を招く前に、心の叫びに気がつくことができてよかったと語っていた。

社会や家庭の中に居場所がないと感じ、大人ゆえにSOSをうまく出すことができずに手を染めてしまった犯罪。高齢者の窃盗などでは、同様の原因が多く見られる。

こうした事件を丁寧に分析することは、高齢者による犯罪防止に役立つはずだ。

しかし、本件の報道は、判決の告知に止まり、鑑定結果などの内容に踏み込んだものは皆無だった。被告人と家族が生活する地域では、不可解な事件という印象で語り継がれている。

第五章 事件にひそむ家族病理

有名人家族の苦悩と自殺

「家族を殺して、その後、死にきれなかったら、僕は刑務所行きですよね」

鈴木潤（20代）の父は、テレビなどでよく見る有名人だという。潤は、父親の名が世間で知られるようになるにつれて、周囲からの視線が怖くなり、自宅に引きこもるようになっていった。

高校を中退してからの引きこもり生活は、すでに7年目になる。自分に自信を持てない潤にとって、有名人の息子という肩書は、社会に出るうえで大きな重荷となっていた。

潤は、やりたいことが見つからないまま年を重ね、資格も社会経験もないことに焦燥感を募らせていた。仮名で登録しているSNSで友人と会話をしたり、ブログを書くことが日課であり、インターネットで小説を書く仕事をしたいと思うようになったが、実現しないまま時間だけがすぎていた。何をしてもうまくいかないのは家族のせいだと思うようになり、家の中で暴れることも増えていた。

潤は、インターネットで父親の情報を検索し、社会的評価を得ている様子を確認するたびに、無力感に苛まれるようになった。

インターネット上で他人になりすまし、父親の悪口を投稿することもあった。しかし、稚拙なコメントに対して反論され、屈辱的な思いばかりしていた。

仕事を失うように、父親を中傷する内容の手紙を新聞社や雑誌社に送ったこともあった。実名を出す勇気はなく、匿名で郵送していたことから、内容が公になることはなかった。

潤は家でも冷蔵庫の飲み物に洗剤を入れたり、自宅に届いた家族宛ての郵便物を破棄するなど、陰湿な行為を繰り返すようになった。普通の生活を送る家族に、自分の苦しみを味わわせてやりたいと思っていたのだという。

精神的に追いつめられた潤が、「家族に危害を加えるかもしれない」と当団体に助けを求めてきたことは、社会と繋がる大事な一歩だったが、それを妨害したのは母親だった。

母親は、息子が家庭の問題を誰かに話すことによって、家族の実態が公になることを怖れ、知らない人との交流を阻止しようとした。

「母親は宗教に入れと言うけれど、僕には向いていない……」

母親と息子の対立は、日増しに激しくなっていった。潤は、父親に対して強い羨望と劣等感を抱く一方で、母親のことは軽蔑し、口汚く罵《ののし》っていた。

ある時、潤からの着信に、折り返しても電話が繋がらない日々が続いた。ようやく繋がった電話に出たのは、母親だった。

「潤は亡くなりました……」

そう告げる母親は、どこか安心したような口調だった。

家族によるリベンジポルノ

潤には妹がいた。有名大学に通い、アナウンサー志望だという。父親の影響に苦しむ潤とは対照的に、そのコネを積極的に利用しようとする要領のいい妹が、潤には妬ましくて仕方なかった。

潤は、妹の裸など恥ずかしい写真を密かに撮影しており、彼女が有名になる日が訪れたら、それをばら撒《ま》くと言っていた。

恋人への復讐として、裸や性行為の映像を公開する「リベンジポルノ」が社会問題となったが、その対象が家族という場合もある。

「男と別れないなら、これをばら撒く」

夫が差し出した一枚の写真には、下着を脱いでいる自分の姿が写っていた。

和田洋子（30代）は、夫に自宅の風呂場の脱衣所にいるところを盗撮されていた。夫を陰湿な犯行に駆り立ててしまった原因は、洋子の浮気だった。

洋子と夫は、同じ会社の同僚として知り合った。入社当初は、学歴の高い夫が出世を見込まれていたが、先に出世したのは洋子だった。活躍するキャリアウーマンとして雑誌にインタビューが掲載されたこともあり、社内でも憧れの存在になっていった。

一方で洋子は、1年程前から部下でもある年下の男性社員と親密になり、密かに交際するようになった。

夫は、洋子の仕事が忙しくなり、夫婦がすれ違うことが多くなってきた頃から、携帯やパソコンのメールを覗き見るなどして、妻の行動を監視するようになった。

洋子は、夫がまさかそのような行為をしているとは夢にも思わず、背筋が凍るほどの恐怖を感じたという。

　怖ろしくなった洋子は、慌てて夫をなだめ、とりあえず男性と別れることを約束した。夫が逮捕されることになれば、部下との不倫も世間に知られることになるかもしれない。そう思うと、夫を警察に突き出すことはできなかった。

　浮気相手のもとには、なんと洋子と夫の性行為の写真が送られていた。洋子は、その後、浮気相手とはまともに顔を合わせることができなくなった。

　浮気相手と別れたからといって、元の夫婦関係に戻れるわけではない。洋子は自宅に帰ってきても、これまでのようにトイレや風呂を安心して使うことができなくなり、夫とは別居せざるを得なくなった。

　夫も浮気相手も同じ職場で働き続けていたので、会社に行くこと自体が苦痛になってきた。人を信じることができず、仕事もうまくいかなくなっていった。

　退職と同時に夫に離婚を切り出すと、夫は意外にもあっさり条件をのんでくれた。洋子とは対照的に、夫は仕事で結果を出し、出世していた。

　洋子は、信頼していた夫に最も卑劣な行為をされた経験から、その後、心惹かれる男性と出会っても、親密な関係に発展することはいっさいなくなったという。

裕福な家庭から出た窃盗犯

「家賃は私たちが払ってあげているし、欲しいものがあれば家族カードを使っていいと言っています。お給料だってもらっているのに、まさか、万引きなんて……」

大沼由美子（40代）の娘、久美（20代）は、デパートで化粧品などを盗み、窃盗罪で逮捕された。久美はその年、社会人になったばかりだった。久美はこれまで問題を起こしたことはなく、家族は突然の逮捕に大きなショックを受けていた。

ひとり暮らしを始めたことで、精神的に不安定になったのか。由美子は娘の犯行の原因に頭を悩ませた。

事件は被害額も少なく、本人も反省の態度を見せており、家族の監督が得られるという事情からすぐに釈放され、不起訴処分となった。幸い会社も辞めずに働き続けることができ、久美は無事、社会生活に復帰したと思われた。

しかし、事件から数カ月後、久美はまた同じ窃盗罪で逮捕された。

万引きは、1件に止まらず、コンビニやドラッグストア、デパートなど数カ所で行われていた。最初の事件は報道されずに済んでいたことから、会社の上司の判断で仕事は続けることができたが、二度目の逮捕は新聞で報道され、仕事を続けることは難しくなった。

久美の父親の和雄（50代）も、母親同様に頭を悩ませていたが、今回の事件が起きた原因について、思い当たる節があった。

和雄は、中小企業を経営する社長だった。妻と知り合ったのは、彼女が勤めていたクラブでだった。出会った頃の由美子は、芸能界に入ることを夢見て、歌やダンス、演技など、さまざまなオーディションを受けていたが全く芽は出ず、結婚して主婦になる道を選んだ。

由美子は、芸能人になりたかった夢を娘に託した。由美子は、久美を幼い頃からバレエや歌の教室に通わせた。久美は、何度も子役のオーディションに応募したが、合格することはなかった。久美はお世辞にも美しいとは言えない容姿だった。

由美子は、久美が小学校の高学年になった頃、芸能人は無理だと判断し、今度は英会話やスポーツをさせるようになった。塾にも通わせ、名門私立中学を受験させた。しかし中学には合格したが、勉強にしてもスポーツにしても、才能が花開くことはなかった。

由美子は、久美が中学生の頃、主婦向けの雑誌に読者モデルとして掲載されたことがあった。この経験をきっかけとして、由美子は再び芸能界への道を目指すことになった。由美子は、娘に期待することはやめたと言わんばかりに、これまで習っていたお稽古事から娘を撤退させ、その学費を自分の美容や洋服につぎ込むようになった。

由美子のブログでは、美容や料理についての記事が頻繁に更新されていた。とにかく、世間からの注目を集めたい一心で、いろいろなことに挑戦しているようだった。ブログには、毎回、幸せな家庭生活の様子がアップされていた。

やがて由美子は、加害者家族に関するテーマをメディアが時々取り上げていることに着目し、今度は自分の加害者家族としての体験を公表することで、世間からの注目を集めようとしていた。

和雄は、由美子のいきすぎた行動にこれまで目をつむってきたが、事件を公にすることだけは何としてもやめさせたいと考え、離婚も視野に入れて、家族の問題と向き合う覚悟を決めた。

「あなたのため」という名の虐待

久美は、由美子からよく「ブス」と罵られた。由美子は常にダイエットをしており、食べ物については久美にも非常に限られたものしか与えなかった。

久美は、「あんたはただでさえブスなんだから、デブになったら終わり」とまで言われ、おやつを与えられることもなかった。由美子のダイエットに合わせて、おかゆに梅干しの夕食が1週間続くこともあった。

久美は、家庭ではほとんど物を食べられないため、外で自由に食べられるときは過食をするようになっていた。友達の家に遊びに行くと、食べ物をこっそり盗んだ。小さなお店で何度かお菓子を万引きしたことがあったが、見つからずに済んだ。太ると叱られるので、食べた後は必ず吐いていた。

窃盗は、大人になって始まったことではなかった。友達の家や、小さな店など、見つかりにくい場所で繰り返されていた犯行の舞台が、デパートやコンビニに変わり、発覚したのだ。由美子が久美にしてきたことは、明らかな虐待である。由美子が虐待をするようになった背景には、とても貧しかった幼少期の体験があった。

由美子には生まれたときから父親がなく、母子家庭で育った。由美子の家は貧しい集落にあり、そこの出身だということで、学校ではよくいじめられたという。

母親は、高校時代に病死し、10代後半からたったひとりで人生を歩んできた。貧しく、特別な才能もなかったので、どこでも自分は見下されていると感じていた。いつか、人から羨まれるような存在になりたいと、芸能界のような華やかな世界を目指すようになった。

勤め先で、経済力のある夫と知り合い、念願だった裕福な生活を手に入れることができた。

由美子は幼い頃、習い事などをした経験はなく、娘はそれができるだけで十分幸せだと思っていた。娘には自分以上に幸せになってほしいと思い、人より優れた才能を見つけてやりたいと思った。しかし、いつの間にか「娘のため」が「自分のため」にすり替わり、娘を追い込んでいたのだ。

夫から離婚を切り出されたことで、自分の愚かさと家族という存在の大切さに改めて気づかされたという。

久美は、執行猶予つき判決を受けて、カウンセリングに通いながら社会復帰を目指している。由美子もまた、カウンセリングを続けながら、自らの問題と向き合っている。

探偵を雇って息子を監視

「息子を性犯罪者にだけはしたくなかった。そのためなら、いくらつぎ込んでも構わないと思っていました」

青木さえ（60代）の息子は現在、進学も就職もしない、いわゆるニートである。大学受験の失敗をきっかけに、1浪、2浪、3浪……と今では受験すらしなくなり、自宅に引きこもるようになった。

父親は大学教員だが、息子には無関心だった。夫には、もっと息子と関わってほしいと思っていたが、生活に余裕はなく、今はとにかく稼いでもらうことが先決だと割り切っていた。

さえが長年勤務した会社を退職するきっかけとなったのは、息子が起こした事件だった。息子が、路上で近所に住む小学生に悪戯をしたと、保護者から連絡が入った。

さえは、警察沙汰になることはどうしても避けたいと思い、かなりの金額を積んで示談に持ち込んだ。夫には相談せず、すべてひとりで決断した。

このとき依頼した弁護士によると、息子はお金がなくて欲しいものが買えないストレスが溜まっていたのだという。

さえは、また同じことをされたら大変だと思い、息子名義のクレジットカードをつくって与えることにした。クレジットカードであれば、毎月、何にいくら使ったか管理ができると考えた。

この時期から、さえによる息子の監視が始まった。息子は昼夜逆転の生活になっていたが、さえは仕事を辞めてから、息子の生活パターンにできるだけ合わせるようになった。

夜、自分が寝ている間に性犯罪などに走られたら困ると、息子が出かけるときは、必ず後をつけるようになった。

ある夏の日、煙草を買いに行くという息子の後をつけると、普段通ったことのない道に入っていった。近くからは子どもたちのはしゃぐ声が聞こえてくる。夏休み中で、小学校のプールが開放されているようだった。水着らしきものを持ち、髪を濡らした何人かの子どもたちとすれ違った。

さえは、女の子数人とすれ違った瞬間、心臓がドキドキした。息子はこの子たちに悪戯しようとしてここに来たのではないか……そう思った瞬間、思わず走り出し息子の手を摑んだ。

「やめなさいよ！」とパニックになったように叫ぶ母親に息子は驚いたが、それ以上に、後をつけられていたことを察し、息子は怒りに任せて母親を突き飛ばした。

子どもたちが歩いている路上での争いに、いったい何事かと周囲の人が集まり、パトカーが来る騒ぎにまでなった。

息子は、図書館に向かっていたというが、さえは息子を信じることができなかった。

さえは、腰を打ってしまって、しばらく自由に歩けないことから、息子の尾行を私立探偵に依頼することにした。

さえは、息子の外での行動は探偵を使って把握し、自宅での行動は自分で監視していた。クレジットカードで何を買ったのか、誰と連絡を取っているのか、インターネットで何を見ているのか、すべて把握しようとしていた。

探偵による調査報告の中に、最寄り駅近くのファストフード店で未成年と思われる女性とお茶を飲んでいたという報告があった。出会い系サイトで知り合っている可能性が高く、性行為に及んで条例違反で逮捕されないようにと助言された。

さえは、息子の部屋の中のゴミをひとつひとつ調べ、精液のついたティッシュペーパーを発見すると、マスターベーションをしているので、外で性行為をすることはないと安心していたという。

家族以外と話をする機会がなかったさえは、いつの間にか、自分の行為の異常性に気がつかなくなっていた。

家庭はもはや戦場

私立探偵への費用がかさみ、借金も膨らんで首が回らなくなったさえは、息子の犯行を阻止できないかと当団体に相談に訪れた。私はさえの息子に会う必要を感じ、自宅を訪問した。

青木家のドアを開けた瞬間、すぐに息子の気配を感じた。不自然な場所にかかる絵画の裏には壁に穴が開いていた。やはり、家庭内暴力が始まっている。家の中と同様、母親の身体も傷だらけだった。

私が最も恐怖を感じる場所は、今回のような、これから事件が起こるかもしれない家の中だ。

息子の部屋に繋がる階段を上ろうとしたところ、ガッシャーンと大きなものが私たちの横に飛んできた。ギターだった。直撃されたら大怪我だ。

突然の攻撃におろおろするさえを残して、私は階段を上り、息子の部屋のドアをノックした。

「また宗教かよ？」

と顔を覗かせたのは、背が高く、顔立ちのはっきりした青年だった。

さえは、これまで息子を自立させようと、宗教者や引きこもり支援者を何人も家に連れてきていた。最近では、部屋をこじ開けて強引に引きずり出すような支援者もいるようで、息子は家族以外の者が家に入ってくる気配を感じると、自分が家を追い出されるかもしれないという不安から攻撃的になっていた。

息子が引きこもりがちになったのは、さえから受けていたプレッシャーが大きかった。最初の大学受験に失敗したとき、「来年、ワンランク上を目指して」と言われ、二度目も失敗。「2年遅れても有名大学なら」と言われたが、三度目も失敗。次は、「国立大学を目指しましょう」と、遅れた年数を取り戻すための高い目標を設定され、結局、大学に受かることはなかった。

高校時代の友人が飲みに誘ってくれることもあったが、さえから「みんな就職活動中なんだから、話が合わないでしょ」と言われ、自分の現状を恥ずかしく思うようになり、友人たちとも疎遠になっていった。

小学生への痴漢行為をしたのは、四度目の受験に失敗したときだった。大学に行ってやりたいことがあったわけではないが、それ以外の選択肢もなかった。自分には生きている価値がないと思い、自殺を考えて自暴自棄になっていた頃だった。

しかし、事件をきっかけとして、息子とさえの立場は逆転した。事件を起こしたことによって、厳しかったさえの態度が百八十度変わった。これまで高圧的だったさえが、いつもどこか気を遣い、機嫌を取るようになったと感じた。

息子は気に食わないことがあると、「次は池袋事件かな」と秋葉原無差別殺傷事件を連想させるような言葉でさえを脅した。事件を起こされたら困ると、さえは息子の言う通りにするしかなかった。

青木家は、これまでの示談金や弁護士費用、探偵費用がかさみ、経済的に困窮していた。このままでは、家族の生活が成り立たなくなる。家族がこれほど追いつめられている状況を、父親は全く知らなかった。

私は、父親を交えて話をする機会をつくることにした。これまでの経緯を一通り聞いた父親の反応は思った以上に冷静で、その反応の鈍さに少々苛立ちを覚えた。大学教員の父親は、30代で定職に就いており、20代の息子にはまだ時間があると言うのだ。

しかし、彼の息子は、やりたいことがあって収入がないという状況ではない。歪んだ性行動や家庭内暴力も起こしており、このまま社会から孤立する状況が続けば、犯罪や自死の危険性も出てくる。

家族と話し合いを重ねる中で、父親が、数カ月の海外出張に息子を同行させてみようかと提案した。この提案を息子はとても喜んだ。

この留学経験が功を奏し、帰国後、日常会話程度の英語を身につけた彼は、外国人が多く集うバーでアルバイトを始め、そこで出会った女性と結婚した。

息子の問題について、夫婦で共有できるようになったことで、徐々に母親の過干渉は収まっていった。さえが相談に訪れてから、3年がすぎた頃の変化だった。

「人に迷惑をかけるな」と育てられ犯罪者に

江沢達彦（30歳）の10歳下の弟は、振り込め詐欺集団のひとりとして逮捕された。逮捕の記事が新聞に掲載されたことで、一家は大きなショックを受けていた。

相談に訪れた家族は、「私たちは、本来あなた方と関わるような家族ではありません」と言わんばかりの、高飛車でとっつきにくい印象だった。

この家族に手を焼いていたのは、弟の事件を担当した弁護人である。達彦は、弁護士の友人が多いことから、いろいろな情報を集めてきては、弁護人の方針に口を挟んでいた。

裁判では、弟の情状証人として兄が証言することになったが、弟は事件に巻き込まれただけで悪くはないと主張したうえ、まるで犯罪学の専門家のように事件を分析してみせ、裁判官を呆れさせた。

傍聴していた人の中には、達彦の言動に違和感を覚えた人も多く、当団体に「あのような家族だから、子どもが犯罪者になる」「支援をしても意味がない」と抗議の電話がかかってきたほどだった。

弟には、1年6カ月の実刑判決が下された。両親は学歴に対するこだわりが強く、弟にもかなり無理をさせて有名大学に進学させたが、大学生活は続かなかった。

弟が通う大学は実家からそう遠くなかったが、彼は、家賃や生活費は自分で工面すると言い、自由な生活を選んだ。飲食店でアルバイトを始めたが、体力的に厳しく長続きしなかった。また次のアルバイトを探せばよいと思い、運転免許取得や車の購入など、出費を惜しまなかった。

しかし、どのアルバイトもなかなか続かず、すぐに収入よりも出費が上回るようになった。そして、消費者金融から借金をするようになり、いつの間にかそれが膨らんでいった。

事件を起こす直前は、大学には行かず、夜間にホストクラブでアルバイトをしていた。そこで本件の主犯格の男と出会い、捕まる可能性は低いからと誘われ、100万円がすぐに入るという言葉につられて犯行に至った。

借金について、家族に相談できなかったのかと尋ねると、「心配をかけたくなかった」

と答えた。怒られるのが怖かったというのが正直なところだろう。

弟が、両親から叩き込まれてきた教育は、「人に迷惑をかけるな」ということだった。

学校で忘れ物をして、友達に借りることになったり、約束の時間に遅れることがあると、「人に迷惑をかけてはいけないと言ったでしょ！」と厳しく叱責されてきた。家の中では、年の離れた兄が面倒を見てくれたりしたが、「お兄ちゃんに迷惑かけてはだめよ」とよく叱られ、いつの間にか、困ったことが起きても、家族に打ち明けることができなくなっていた。少しでも他人に迷惑をかけると、徹底的に非難する家族に、借金があることなど言えるはずもなかった。

両親から見れば、兄の達彦は理想の息子かもしれないが、裁判を傍聴していた人や関係者の印象は、弟よりも悪い。人懐っこい印象の弟と比べて、達彦からは情がいっさい感じられなかった。

弟は、人に迷惑をかけることもある反面、友情を大事にする性格で、仲間からの信頼が厚く、事件を起こしても、友人たちは面会に訪れていた。

達彦は、大企業に勤めていることから知り合いは多いかもしれないが、警察沙汰になるようなことがあったとき、慕い続けてくれるような人は、弟よりも少ないだろう。

両親は、「きちんとしていること」「立派であること」ばかりを重視し、弟の優しさや思いやりに目を向けることがなかった。これからは兄を手本とするのではなく、弟の個性やよさも認めていくことを約束してくれた。

結婚する前からセックスレス

上野拓哉と沙也加は30代の夫婦で、子どもはまだいない。同じ会社に勤めており、5年間、毎日一緒に通勤、社内でも「おしどり夫婦」と評判だ。

「結婚する前からセックスレスでした。ふたりの間では、問題ないと思ってました」

沙也加は泣きながら語り始めた。突然、拓哉が、強制わいせつ罪で逮捕されたのだ。拓哉は犯行を認めており、「女性の体に触りたかった」と供述しているという。

犯行現場が自宅付近だったことに、沙也加は驚いた。犯行時刻は22時から23時と、いつもお風呂に入ったり、テレビを見ているような時間帯で、夫が外出した記憶など全くなかった。毎日同じベッドで体を寄せ合って寝ていた夫が、外でわいせつ行為をしていたという事実を知り、沙也加はあまりのショックに泣き崩れていた。

「妻に求めたとき、一度、すごく拒絶されたんです。軽蔑されたように感じて、それ以来、言えなくなりました」

申し訳なさそうに話す拓哉は、必要以上に沙也加に気を遣っているように感じた。

拓哉が勤めている会社は、沙也加の父が経営している会社だった。大学院まで修了したが、希望の職に就けず、就職が困難な状況にあった拓哉を、沙也加の父が雇ってくれた。

沙也加は、会社では上司だった。周囲の目もあり、拓哉にとって、決して働きやすい職場ではなかったが、同じような待遇で雇ってもらえるところはないと思うと、我慢して働き続けるしかなかった。

沙也加は、性については潔癖症で、露出度の高い服装のアイドルが出ている番組を見ているだけで、不機嫌そうにチャンネルを変えた。

交友関係にもうるさく、友人との飲み会にも必ずついてきた。長電話をしていても不機嫌な顔をされ、悩みを友人に相談することもできなかった。

沙也加は、経済的にも夫をコントロールしていた。給料はいったん沙也加が預かり、拓哉の自由になるお金はほとんどなかった。買い物や食事は、すべて沙也加がカードで支払っていた。性的欲求を抱えても、風俗などを利用する余裕はなかった。

妻が嫌なわけではないが、さまざまなストレスのはけ口が塞がれ、精神的に追いつめられていた。

ある日、ゴミを出しに行ったとき、スマホを見ながら歩いていた女性に偶然ぶつかってしまった。女性が落としたスマホを拾おうと屈んだ瞬間、拓哉は胸を触って逃げた。

このとき騒がれたり、追いかけられたりしなかったことから味をしめてしまった。それ以降、ひとりで歩いている女性の後をつけては、胸やお尻を触る行為を繰り返していたのだ。

「犯行の後はどこか満たされた感じがして、いつの間にか痴漢行為を止められなくなっていました」

拓哉は、自分の不甲斐なさに涙をこぼしていた。それでも沙也加は、拓哉にもう一度、夫婦をやり直したいと言った。

妻を裏切るような性犯罪に走った夫を許すというのは有難い申し出かもしれないが、拓哉は、これ以上沙也加に甘えれば、また同じことの繰り返しになると思い、自分から離婚を切り出した。

沙也加にしてみれば、まさに青天の霹靂《へきれき》だが、夫が性犯罪に手を染める夫婦の中には、一見幸せそうな人々もいるのである。

第六章　家族の罪を背負って生きる人たち

殺人犯の子どもと呼ばれて

90歳をすぎた佐藤三郎は、加害者家族支援についての情報を得るやいなや、私に電話をかけてきた。

そして生まれて初めて、何十年もの間、胸にしまってきた凄絶な過去を語り始めた。

あるとき三郎の父は親戚に騙され、多額の借金を背負うことになった。追いつめられた父は半狂乱になり、騙した親戚ふたりを殺害し、死刑判決が下された。

東北の小さな村では、殺人犯の家族は村八分となった。

「人殺しの子どもは、あっちへ行け」

食べるものがなくて困っても、

「人殺しの子どもにやるもんはねぇ」

まるで汚いものを見るような目で、そう言われ続けた。

事件後まもなく、母親は自宅で首を吊って死んだ。両親に代わって、幼い三郎と兄の二郎を育ててくれたのは、長男の一郎だった。

「俺たちは何も悪いことはしてねぇ。だから堂々としてればいい。ただ絶対に、人に迷惑はかけるな。何言われても黙って、文句は言うな」

一郎は事件後、加害者家族として生きていかなければならなくなった弟たちに、何度もそう言って聞かせた。

一郎は、村の中では仕事が見つからず、町まで出稼ぎに行かなければならなくなった。二郎と三郎は、人手が足りない農家の親戚に預けられることになった。

逮捕された父親がどうしているかなど、残された子どもたちには知る由もなかった。その日、生きていくことだけで精いっぱいだった。

預けられた親戚の中で、二郎と三郎は奴隷のように扱われた。食べるものも着るものも、その家の子どもたちと同じものを与えられることはなかった。それでもふたりは不満をもらさず、生きるために必死で働いた。

子どもたちの心の支えは、出稼ぎに行った一郎が迎えに来ることだった。

しかし、ある日、村人から、川から一郎の死体が発見されたことを聞かされた。投身自殺ではないかという。

三郎はこの日から、抹殺される恐怖に襲われるようになった。夜、寝ている間に足音が近づいてくると、殺されるのではないかと思い、身体が震えた。

一郎が投身自殺をしたという話は信じることができなかった。一郎は強い人間で、自ら命を絶つような人ではなかったからだ。村人の誰かが川に突き落としたのではないか。そうした疑念が湧いてきた。自分たちきょうだいも危ない。たとえ誰かに殺されたとしても、自殺として簡単に処理されてしまうかもしれない……。

二郎と三郎は、休んでよいと言われた日も、決して休むことなく働いた。あるとき二郎が高熱を出し、倒れてしまった。親戚は、医者を呼ぶこともなく、倒れてから数日後に二郎は亡くなった。あまりにあっけない死に方だった。三郎は、家族をすべて失った。それでも三郎に慰めの言葉をかける親戚はいなかった。

三郎は、兄の死をきっかけに、心を鬼にして生きることを決めた。涙を流したり、感動したり、他人に同情したりすることはなくなった。ただひたすら、与えられた仕事をこなして自立することだけを考えた。

15歳になった三郎は、町での求人情報を入手し、牢獄のような親戚の家を出ることを決意した。ある朝荷物をまとめ、「お世話になりました」と一言残して、村を去った。

三郎は、町の工場に数年間勤めた後、自ら会社を設立した。経営は軌道に乗り、従業員の女性と結婚し、家庭を持つことができた。

「無我夢中で、がむしゃらに働きました。人は信用できない。信用できるものは金だけだと、とにかく金持ちになることしか考えませんでした。人より優れていなければ、この世の中から消されてしまうような恐怖をいつも抱えていました」

自らの出自について、孤児で身寄りがないと話してきた三郎は、婿養子になった。その後、4人の子どもにも恵まれ、ようやく幸せな家庭生活を送ることができた。

「子どもが生まれて、すくすく育っていく姿を見ているうちに、だんだんと人間性を取り戻していったような気がします。それまでは、鬼でした。鬼にならないと、加害者家族は生きていけなかった」

妻も子どもたちも、事件のことはいっさい知らない。

「両親や兄たちには墓もないんです。生きていた証《あかし》が存在しない方が、新しい家族のためにはいいのかもしれません……」

三郎は、自分を生み育ててくれた家族を隠し通すことに罪悪感を抱きながらも、事件のことは自分の胸の中だけにしまい続けてきた。

「自分の体験が、絶望の淵にいる加害者家族の希望になれば、亡くなっていった家族のためにもなるような気がします」

三郎は、そう言って電話を切った。

家族のために父を殺し、消息を絶った兄

平成の世でも、加害者家族への差別は止むことはない。田村晃一（40代）の父親は、晃一が高校生の頃、工場経営に失敗し、多額の借金を背負うことになった。

家族は、一戸建ての広い屋敷から古いアパートの一室に転居せざるを得なくなり、愛犬も手放すことになった。引っ越してきた狭い部屋の中では、毎晩のように夫婦喧嘩が始まり、晃一と兄は心を痛めていた。

父親は自己破産をし、土木関係の現場で働いていた。母親も働きに出たが、お嬢様育ちだった母親に肉体労働は難しく、ホステスとして夜の店で働くことになった。

父親は、母親が店で男をつくるのではないかと疑い、暴力を振るうようになった。時には、母親の髪の毛を切ったり、顔面を殴るなどして仕事に行けないようにした。

兄も新聞配達をして家計を支えていた。将来、医者になりたいと言っていた兄の夢は、すでに消えかけていた。この時期、兄も、父親とよく喧嘩するようになっていた。

晃一にとって、兄は憧れの存在だった。外見もよく、勉強やスポーツもよくでき、将来が期待されていた存在だった。

ある日、晃一が学校から帰ってくると、自宅のアパートの前に人だかりができて、パトカーが停まっていた。慌てて現場に近づくと、半狂乱になって叫んでいる母親が、警察官に支えられてパトカーに乗せられていた。

パトカーの中には、表情を固めたままうつむいている兄の姿があった。

父親は、兄に包丁で刺殺されていた。現場を見ていた母親は精神に混乱をきたし、しばらく入院が必要な状態となった。

晃一は、殺害現場となった部屋に戻るなり、「どうしてくれるんだ！」と大家さんから詰め寄られた。同じアパートの住人も、外に出てきて白い目を向けている。

晃一は、住人から煙草の吸殻や空き缶をぶつけられ、家の中に入ることができなかった。

夏だったことから、その日は公園で野宿をした。

翌日、警察署に行くと、食事を用意してもらえた。担当の警察官が、生活保護の手続きを含め、これからの生活について親身になって相談に乗ってくれた。

大家さんとも話をしてもらい、しばらくは部屋を追い出されずに済んだ。母親が退院してからは転居し、ふたりで生活するようになった。

晃一は、兄に会いたくて警察署に面会に行ったが、兄は面会を拒否した。晃一は、新聞を毎日読み、兄の事件報道を確認した。犯行の動機について、兄は「口論になり、かっとなった」と供述していたが、そんな単純な理由ではないはずだ。

事件報道から伝わるのは、怠け者の両親と暴力的な兄という構図だ。偶然目にした朝の番組では、「母親が毎日のように酔っぱらって帰ってきて、父親や兄に殴られていた」「兄も母親に暴力を振るっていた」という近所の人たちの証言映像が流れていた。

兄は、誰にも暴力など振るっていない。父親の暴力を止めていただけだった。顔中血だらけで家を飛び出した母親を追いかけ、車の中で寝かせるようなこともあった。近所の人たちはこうした様子を見て、兄も暴力を振るっていると勘違いしたのだろう。

事件から半年以上がすぎた頃、晃一は、地元紙の中に、兄の裁判の判決を報じる小さな記事を見つけた。判決は、懲役二十年……。晃一には、信じられなかった。

兄は日常的に父親の存在が気に入らず、怒りを募らせており、犯行は計画的で残忍だと判断されていた。兄はなぜ真実を話さないのか、晃一は悔しくて仕方なかった。

判決確定後、晃一は、ようやく兄の事件を担当した弁護士と会うことができた。

「お兄さんは、事件のとき何があったのか、いっさい話してくれなかったんです。ご家族は事情をご存じかと思い、あなたに連絡しようと思ったのですが、家族には関わらないようにとお兄さんに止められました」

兄らしい気もする。父親の命を奪った瞬間から、家族と縁を切る覚悟をしたに違いない。これまで家族の問題はすべて兄が引き受けてきた。自分ひとりが悪者になることで、事件を終わらせようとしたのだ。

「もし、あなたが訪ねてきたら、自分のことは記憶から消してほしい、一生会わないと伝えてほしいとだけ言っていました」

晃一は、拘置所にいる兄を訪ねたが、面会を拒否され、その後、どこの刑務所に収容されたのか、わからなくなった。

晃一は高校卒業後、働きながら大学の夜間部に進学し、就職することができた。母親は事件後、精神を病んだまま、回復は難しい状況にある。

兄の言う通り、周囲にはきょうだいはいないと話している。それでも「きょうだいは？」と聞かれるたびに、大好きだった兄の姿が目に浮かび、涙をこらえている。

性犯罪者の妻が味わう屈辱

角田美恵子（60代）は、夫が経営する会社を時々手伝っているが、外で働いた経験はなく、家事や子育てを中心とした生活を送ってきた。長男はすでに結婚し、自分の家庭を持っている。今年は次男も結婚が決まり、半年後に結婚式を控えている。

大きな会社ではないが、夫は起業してから会社のために日々奮闘し、まもなく次男に経営者の立場を譲ることになる。

ふたりの息子を大学まで出すのは経済的に楽ではなかったが、それぞれ立派に成長し、ようやく親としての務めから解放されたような気がしていた。夫も仕事ばかりで余裕がなく、旅行もろくにしたことがなかった。これからは、夫婦でゆっくり旅行でも楽しもうかと、旅行会社の広告を眺めている、そんな矢先の事件だった。

美恵子の携帯に、珍しく会社からの着信があった。家のチャイムが鳴り、玄関を開けると、警察官がふたり立っていた。まさか、夫が交通事故でも起こしたのではないかと不安が脳裏をよぎったが、警察官は令状を示し、自宅を調べたいと言う。いったい何が起きたのか、困惑しているところに、次男が戻ってきた。警察によると、夫を窃盗の罪で逮捕したというのだ。美恵子は何かの間違いだと思った。

警察官は家の中で何を探しているのか、声をかけようとすると、次男が美恵子の腕を摑み、誰もいない台所に連れていった。

「親父が会社の女子トイレを盗撮してた。更衣室のロッカーを開けて社員の服を盗んだり。とにかく、ありえない事態だ」

美恵子は、悪夢を見ているようだった。真面目で堅物の夫が、まさかそんな破廉恥なことを……。

しかし、自宅からは、盗撮映像や女性物の下着、ストッキングなどが多数発見された。

次男が警察で事情聴取を受けている間、社員への対応は美恵子に任されることになった。夫の逮捕にうろたえる美恵子に対し、会社の顧問弁護士は「刑事事件は他の弁護士に依頼してほしい」と突き放すだけだった。

会社で美恵子を待っていた副社長も、これまでになく冷淡だった。美恵子は、副社長に促され、社員が集まっている部屋に通された。針の筵《むしろ》である。

副社長は、呆然と立ち尽くす美恵子に、

「まず、謝罪でしょうが！」

といきなり怒鳴った。

美恵子は、20人ほどの社員を前にして、土下座をして夫の行為を詫びた。

被害者である女性社員からは、厳しい言葉が飛んできた。

「あんたが日頃満足させてないから、こんなことになるんじゃないの！」

美恵子は、返す言葉もなかった。

謝罪はこれだけでは終わらなかった。次は、次男の婚約者の家族だ。

美恵子は、次男の婚約者の両親に、再び土下座をして謝罪した。

婚約者の父親は、「変態の家族に娘をやるわけにはいかない！」と物凄い剣幕で怒鳴り、婚約解消を求めた。

次男の婚約者は、過去に電車で盗撮の被害に遭った経験から、美恵子の夫の犯行をどうしても許せず、次男とも縁を切りたいと考えていたようだ。

結局、次男の結婚は破談となった。生活を共にしていくことを考えていたふたりだったが、事件の発覚後、婚約者は次男に一度も会おうとはしなかった。式場のキャンセルなどの連絡はすべて、メールで事務的に済ませた。

すでに子どもが生まれている長男の家族は、遠方で生活していたことから影響は少なかった。嫁の両親は高齢だったことから、事件のことは隠し通すことにした。

美恵子は、これまでにない屈辱的な経験をしたが、夫に直接会うまでは、事件は何かの間違いではないかという微かな期待を捨てることができなかった。

性犯罪者の妻である美恵子に対する周囲の視線は、驚くほど冷たかった。美恵子に、同情してくれる人はひとりもいなかった。子どもたちさえも、まるで事件の責任が美恵子にあるかのような態度だった。この世の中で唯一、自分の味方である人物は夫だけだと思うと、不思議と怒りは湧いてこなかった。

逮捕から数日後、ようやく美恵子は夫に面会することができた。

「迷惑をかけてすまない」

夫は、美恵子を見るなり、そう言って頭を下げたが、謝罪はこの一言だけだった。

「もっと早く君と別れて、彼女と一緒になっていれば、こんなことは起こさなかった……」

夫はそう言って泣き崩れた。

夫が盗撮行為を始めたのは5年程前で、交際していた元社員の女性が他の男性と結婚してしまったショックから、犯行に手を染めるようになったと言うのだ。

美恵子は、離婚して夫に多額の慰謝料を請求してやろうと思った。しかし、会社の経営もうまくいってはいなかったところに今回の事件が発覚し、夫の自己破産は確実だ。

次男も失業することから、何よりもまず、家族として生きていく道を探すことが先決だと思ったという。

兄への復讐としてのレイプ

「私をレイプした男を殺す夢を見ます。でも殺した相手の顔が兄なんです……。兄のせいで、私たち家族がどんな酷い目に遭ってきたのか、何ひとつわかっていない兄が憎いんです。本当は、兄を殺したいのかもしれません」

山口咲江（50代）の兄は、殺人罪で無期懲役の判決を受け、服役していた。生涯、会うことがないと思っていた兄から、突然咲江のもとに手紙が届いたのだ。

咲江は、すでに30年以上が経過した事件について、まるで昨日の出来事のように語り始めた。

「家は危ない、早く逃げろ！」

当時17歳の咲江は、自宅で兄の浩司から電話を受けた。

「逃げるって、そんな急に言われても……、何かあったの？」

「時間がない！　とにかく、早くそこから逃げろ！」

そう言うと、浩司は電話を切った。

いつになく焦った様子の兄の声に、咲江は突然、大きな不安に襲われた。きっとまた、金銭トラブルで逃げているに違いない。浩司は、中学の頃から家に帰らず出歩くようになり、強盗の罪で少年院に入ったこともあった。これまで定職に就いたことはなく、暴力団と思われる人たちとつき合うようになっていた。

外で何やら騒がしい音がし、玄関から覗くと、庭に停めてあった兄の車の周りに男たちの姿が見えた。

男たちは玄関に近づくなり、咲江を突き飛ばし、自宅に押し入った。

「浩司！　出てこい！」

男たちが叫んだ。

「浩司はどこだ！」

ひとりの男が咲江に詰め寄り、知らないと答えると、いきなり口を塞いで、家の中に引きずり込んだ。

「車があるから戻ってきたはずだ」

そう言って、男たちは玄関の扉を閉めて、家の中の物色を始めた。咲江は、寝室の方まで引きずられ、レイプされた。ひとりが終わると、もうひとりの男が体の上に乗ってきた。口元から手が離れた瞬間、叫び出しそうになったが、

「騒いだら殺すぞ！」

と鬼の形相で睨まれ、声を失った。

「いいな、これは浩司への復讐だ。あいつのせいでヤバいことになった」

男たちは何度もそう呟いていた。咲江は、ふたりの男にレイプされた。

「俺たちが来たことは絶対、誰にも言うな！　言えば、家に火をつけてやる。何もなかったように片づけておけ！」

そう言うと、男たちは逃げるように家を出ていった。

咲江は、床を這うようにして玄関まで行き、鍵をかけた。そして、言われた通りに男たちが散らかした部屋を片づけ、顔の血を拭き、身体を洗った。

それからまもなくして、母親が帰ってきた。咲江がドアを開けるなり、母親は倒れるように玄関にへたり込んだ。

「浩司が人を殺したって……」

咲江は耳を疑った。お金にはだらしない兄だったが、まさか人を殺すなんて……。

浩司は仲間と民家に押し入り、夫婦を殺害して逃走しているという。それからまもなく、パトカーが自宅前に停まった。警察官は咲江に、兄と会わなかったかどうか尋ねた。咲江は見ていないと言うと、家の中を捜索し始めた。

咲江は、自分を襲った男たちのことを話さなければならないと思ったが、恐怖で言葉が出てこなかった。レイプされた事実だけは、誰にも知られたくなかった。

兄のことで苦労ばかりしてきた母親にも、これ以上心配をかけたくないという思いから、言い出すことができなかった。

咲江の父親は、幼い頃に交通事故で亡くなり、それから母親がひとりで働いて家計を支えてきた。兄は定職に就かずギャンブル三昧。それでも咲江や母親に優しく、羽振りがいいときは服やアクセサリーをプレゼントしてくれた。

母親は、何度も定職に就くように諭したが、兄は毎回、調子のいいことを言ってごまかし、母親に借金の肩代わりをさせてきたのだった。

翌日、兄は仲間と一緒に隣の県で逮捕された。事件についての報道が始まると、自宅付近には報道陣が集まった。咲江は怖くて、外出すらできなくなった。

高校も休まざるを得なくなっていたが、自宅の近所に住むクラスメートの田中守が、咲江を心配して自宅を訪ねてきてくれた。守は立派な家に住んでおり、学校でも成績優秀な生徒だった。守は、以前から咲江に好意を持っている様子だった。

守が毎朝迎えに来て、いろいろと配慮してくれたおかげで、咲江は早いうちに学校に戻ることができた。校内で、いじめや中傷に遭うこともなく、クラスメートは皆、優しく接してくれた。このとき、クラスメートの支えがなかったならば、自殺していたに違いない。

ようやく元の高校生活に戻った頃、妊娠が明らかとなった。兄の逮捕後、周囲に気を遣わなければならない日々が、レイプのことを忘れさせていた。

妊娠を告げられた瞬間、あのときの恐怖が再び蘇るようになった。

咲江は、一刻も早く中絶手術を受けたかった。医師には母親と相談すると言ったが、事情を話すことは躊躇《ためら》われた。

逮捕された兄は、容疑を否認していた。兄は、冤罪事件に強い弁護士をつけてほしいと母親に頼み、母親は息子の無実を信じ、親戚中に頭を下げて弁護士費用を工面していた。

母親は兄の事件のせいで仕事を解雇され、清掃の仕事しか見つからず、かなり切り詰めた生活を強いられていた。高校の学費も払わなければならない……。咲江は友人たちに相談しようかと思ったが、事実を話す勇気はなかった。

思い悩む咲江の異変に気がついた守は、心配して事情を尋ねた。このとき、咲江は守にすべてを打ち明けた。守は中絶費用を負担し、その後も傷ついた咲江に寄り添ってくれた。

咲江は守から、高校を卒業したら結婚しようと言われた。守は真面目で優しいが、咲江には、他に思いを寄せていた男性がいた。それでもすべてを知ったうえで結婚しようと言ってくれる守の申し出を断ることはできなかった。

母親の援助の甲斐もなく、兄には無期懲役の判決が下された。咲江も母親と同じように、兄は人を殺せるような人間ではないと考えていた。人を騙したり物を盗むことはあっても、暴力を振るうようなことは一度もなかった。

それでも、これまで散々人に迷惑をかけ続け、欲望のままに生きてきた人間への報いとして、無期懲役の判決は妥当だと思った。

守と交際して1年がすぎた頃、咲江は突然別れを告げられた。

「両親が、咲江との結婚だけはどうしてもだめだって……。しばらくは学生だし、親に反対されるとやっぱり難しい」

守の頼りない言葉に、咲江は深く傷ついた。守にすっかり気を許し、愛しいと感じ始めていた頃だった。それでも、殺人犯の家族の運命なのだと諦めるしかなかった。

母は成績優秀な咲江を、都会に送り出そうと決めていた。この町では事件を知らない者はいない。おそらく、まともな仕事は見つからないと思ったからだ。咲江も地元を離れて生活することを望んだ。

咲江は高校卒業後、百貨店に就職することができた。面接では、両親の職業を聞かれるのみで、兄の事件が問題となることはなかった。兄について、周囲には、父親と一緒に交通事故で亡くなったと話していた。

母は息子の冤罪を信じ、裁判のやり直しを求めて動いていた。しかし、冤罪が晴れる望みは薄く、兄は刑務所で死ぬことになるだろうと嘆いていた。咲江はその言葉に安心し、兄とは一生連絡を取るつもりはないことを母親に伝えた。

その後、咲江は職場の同僚と結婚した。夫だけには兄の事件のことを正直に話した。それでも結婚したい、両親や親戚には黙っておくと言ってくれた。

ふたりの子どもにも恵まれ、幸せな日々が続いた。事件から30年以上がすぎた頃、夫の姓を名乗る咲江のもとに、服役している兄から突然手紙が届いた。

咲江は、「この世でたったひとりのきょうだいだから、兄さんをよろしく」と言い残して亡くなった母の言葉を思い出した。

咲江は、しぶしぶ封筒を開けてみることにした。

「咲江へ　懐かしいな。もう、何十年も会ってないから、再会しても俺だとわからないかもしれないな。俺は無実の罪で、30年以上を刑務所で暮らすことになりました。この間、母さんと咲江には苦労をかけたと思います。母さんの死に目にあえなかったことは本当に辛かったけど、まもなくここを出られそうです。ふたりで母さんの墓参りに行こう。再会できることを、とても楽しみにしています。ご主人と子どもたちにもよろしく。　浩司」

咲江は、手紙を読み進めるごとに、怒りが込み上げてきて、手元が震えた。

怒りで硬直していく妻の顔を見ていた夫は、必死に慰めようとした。

事件の日の、忌まわしい記憶が蘇ってきた。

「これは浩司への復讐だ」

咲江をレイプした男の顔が少しずつ輪郭を帯びて、兄の顔と重なった。

お嬢様からの転落

「家はローンが残っていたし、車は外車といっても中古でした。私はブランド品も持っていないし、服装にお金をかけてもいません」

高橋純子（40代）の夫は、知人に架空の投資話を持ち掛けて大金を騙し取り、詐欺罪で逮捕された。

夫が犯行に及んだ動機として、「生活費に使うため」と供述したことから、家族である純子と娘の贅沢な生活が非難の的となった。

「夫には他に若い愛人が何人かいたんです。それがわかって、もう離婚するしかないと決めました。それなのに、金の切れ目が縁の切れ目なのかって、私たち親子だけが周囲から非難されました」

純子たち家族へのバッシングが激しくなったのは、インターネットの掲示板だった。内容から推測すると、ほとんどが知人の書き込みのようだった。

「確かに、娘の教育にはお金をかけました。それは親のエゴであって、決してあの子が望んだわけではありません。それなのに、娘が一番の悪者のように責められてしまって……。本当に、可哀想なことをしたと思っています」

高橋美月（17歳）は、中高一貫のミッション系女子校に通う「お嬢様」だった。会社を経営する父親と専業主婦の純子の3人家族で、父親が逮捕されるまでは何不自由ない生活をしていた。

年が明けてまもなく、美月は短期留学をしていたカナダから帰国した。家に帰ると、まるで引っ越しでもするように段ボールが積まれ、家の中が閑散としていた。

大事な話があるから、まっすぐ帰ってくるようにと言っていた純子は、数週間見ないうちに随分とやつれていた。何か起きているに違いない。

「パパの会社がね、倒産したの……」

美月は耳を疑った。

「ここにはもう住めない。おばあちゃんのとこに行くから荷物をまとめて」

美月は急いで自分の部屋に入ると、すでにほとんどの荷物が整理されていた。

「ごめん、時間がないの。後でゆっくり説明するから、とにかく片づけて」

純子は急かすように言った。

「パパはどこ？」

父親の居場所を尋ねると、予想だにしない答えが返ってきた。

「警察」

純子は、美月が帰国するまで、事件のことは伏せていた。これからしばらくは海外に行く余裕などない。娘にはせめて、ギリギリまでカナダでの滞在を満喫してほしかった。

「学校はどうなるの？」

美月はおそるおそる尋ねた。

「おばあちゃんの家の近くの高校に転入できるって」

「いつから？」

「もう、すぐにでも」

「嘘でしょ、やだ……」

美月は思わず泣き出した。美月にとってR女子高校は、難しいと言われながらも努力して合格した憧れの高校だった。制服も大好きで、他の高校の生徒になることなど、とても考えられなかった。

「もう、学費を払う余裕がないの……」

これまで聞いたことがないような純子の力ない言葉に、美月はどん底に突き落とされたような気がした。

翌朝、純子と美月は、まるで夜逃げのようにこっそりと荷物を運び、実家のある田舎に向かった。

美月はせめて、残る3カ月、高校2年生を修了するまでR女子高校に在籍したいと純子に頼み込んだ。学費はすでに納めており、在籍する権利はあるはずだ。祖父母は、美月があまりに可哀想だと、来年の学費を自分たちがなんとか工面しようかと言い出した。

高校生活が続けられる可能性が出てくると、美月はようやく一筋の光を見つけたような気がした。

母の実家から学校までは、高速バスで片道1時間半。早起きは楽ではないだろうが、これまでと同じように学校に通えるならば、どんなことでもする覚悟だった。

新学期の初日、美月は担任から職員室に来るように言われた。

「高橋さん、大変だったわね。転入を希望していたS高校、欠員募集出てるみたい。ちょうどよかった、早めに書類書いてちょうだい」

唐突な言葉に美月は混乱した。

「え？　まだ私、学校やめませんけど……」

担任の顔色が変わった。

「でも……」

「母が、３月までの学費は納めてるって……」

「来年はどうするの？」

「来年の学費は、祖父母が出してくれるはずです」

担任は困った様子だった。

「そう。わかりました。ここにいることが、あなたにとっていいことなのか、わからないけど……」

担任と一緒に教室に入ると、いつもとは違う雰囲気を感じた。何人かのクラスメートの視線が冷たく感じられたのだ。

「大変だったね」

休み時間、親友の玲奈が駆け寄ってきた。

「もしかして、事件のこと？　みんな知ってるの？」

カナダにいた美月は、父親の逮捕報道を全く知らなかった。父親がパーカをかぶって顔を隠し、手錠をかけられてパトカーに乗り込む映像が全国に流れていたのだ。美月は急に足がすくんだ。

「びっくりしたよ。もうどっかに逃げちゃってると思ってた。まさか、また学校で会えるなんて思わなかった」

放課後、美月は所属している管弦楽部の練習に向かった。

「高橋さん、どうしたの？」

音楽室に入るなり、先輩が驚いた顔で寄ってきた。

「え？　練習しようと思って……」

「練習って、そんな場合じゃないんじゃないの？」

美月が困惑していると、顧問がやってきた。

「高橋さん、何してるの？　練習どころじゃないはずでしょ、ほら、帰りなさい、早く」

美月は追い出されたような気がした。家に帰っても何もすることなどない。せっかく、演奏していろんなことを忘れたいと思ったのに……。

同級生による残酷な嫌がらせ

母の実家では、何事もなかったかのように時間が流れていった。周囲にコンビニひとつない田舎だ。夜8時をすぎれば、町は静まり返っている。父親は警察署にいて、しばらくは戻ってこられないようだ。今は、家族も面会が許されていない。母親の純子は、父親の仕事内容を詳しく理解しているわけではなく、事件の詳細についても知らされていないようだった。

美月は、友達の何人かに無事に帰国したというメールを送ったが、玲奈以外からの返事は来なかった。

翌朝、美月はクラスメートにカナダで買ったお土産のクッキーを配ろうとした。すると、誰も受け取ろうとはせず、むしろ軽蔑するような視線を浴びせられた。

「信じられない……」

「バカじゃないの……」

微かな悪口が聞こえる。美月の机の周りには誰も近寄らず、遅刻寸前で現れた玲奈だけが挨拶をしてくれた。

昼休み。いつも4人でお弁当を食べていたにもかかわらず、真紀と美保はいつの間にか他のグループに入っていた。

突然無視され、内心、頭に来た美月は、放課後、真紀と美保に理由を聞きたいと思った。美月が声をかけた瞬間、ふたりは逃げるように教室を出ていった。追いかけようとする美月を、玲奈が引き留めた。

「高橋さん、非常識なんじゃない？」

様子を見ていた智子が、見かねたように声をかけてきた。

「親があんな事件起こしておいて、よく学校に来られるよね。しかも海外旅行のお土産を配るとか、ありえないでしょ。この期に及んで自慢する気？」

正義感の強い智子は、真っ向から美月の行動を批判した。

「親が起こした事件だよ。美月がやったわけじゃないでしょ」

玲奈が弁護すると、

「でも、ここの学費は自分で払ってるわけじゃないじゃない。父親が騙し取ったお金でしょ？　罪悪感とかないの？」

美月はいたたまれなくなり、思わず教室を飛び出した。学費は父親が騙し取ったお金——その言葉が胸を衝《つ》いた。美月の通う高校は伝統があり、裕福な家庭の子どもも通っているが、ギリギリの生活でアルバイトをしている生徒もいた。美月のように、毎年、数週間を海外で過ごす生徒はそれほど多くはない。親の離婚などをきっかけに、学費を払えず退学せざるを得なくなる生徒もいる。恵まれている美月に、密かに嫉妬していたクラスメートもいたようだった。

それでも美月は、めげなかった。

「大丈夫。もう少し時間が経てば、前みたいになれるよ」

そう言って励ましてくれる玲奈の言葉を頼りに、翌朝も学校に向かった。

しかし、美月に対する周囲の風当たりは、日増しに強くなっていった。クラスメートからだけではなく、部活の仲間たちからも無視された。登校途中に見知らぬ生徒から、「帰れ！」「泥棒！」など、心ない言葉を浴びせられることもあった。

ある日、教室を移動していると、職員室前に大人たちが集まっている姿が見えた。美月がそばを通ると、

「あの子じゃない？　ほら」

ひとりの女性が美月を指さして叫んだ。

「いったい何考えてんの？　被害者の子どもが進学できないのに、加害者の子どもがのう

のうと学校に通ってるって話はないでしょうが！」

何やら美月のことで苦情を言いに来たようだった。美月が放課後、担任に事情を尋ねると、ここのところ、毎日のように学校に保護者から苦情が来ているという。

美月の父親は、多いところからは数千万円を騙し取っていた。被害者の中には、美月の父親を完全に信用し、預貯金をすべてつぎ込んでしまった人もいた。被害者の家族の中には、子どもが進学できなくなったケースもあったという。父親は、騙し取った金銭はすべて使い果たし、被害者への返済の目途は立っていない。

インターネットの掲示板では、美月の父親である高橋容疑者について、逮捕前の贅沢な生活が話題になっていた。「妻は高級車を乗り回し、娘は名門R女子高校」「娘は父逮捕後も学校で海外旅行自慢」などクラスメートしか知りえない情報も公開されていた。「娘↓R女子高校2年B組高橋美月」と実名を公表され、「娘↓身体売って金返せ。散々贅沢したんだろ」などと嫌がらせの言葉も並んでいた。

美月の通っている学校名や身体的特徴まで書き込まれており、携帯に非通知の着信が度々入るようになった。美月は恐怖のあまり、警察に母親と相談に行くことにした。

担当の警察官は、あからさまにやる気のない態度で、サイトの管理者宛に投稿の削除依頼をするしかないと言うだけだった。

「娘に何かあったらどうするんですか！」

母親が詰め寄ると、

「娘さん、早く転校した方がいいですよ。とにかく何か起きたら、連絡してください」

そう言われ、相談は終わった。

事件からひと月が経っても、学校での美月の居場所はないままだった。

美月が所属する管弦楽部では、部員たちの間で、美月についての話し合いの場が持たれていた。

例の掲示板では、美月が管弦楽部の部員であることがすでに特定され、「バイオリンだって。最高級の楽器使ってるらしい。売って返済しろよ」「随分余裕あるな、アルバイトでもして返済手伝えよ」などと、厳しいコメントが続いていた。部員の中からは、発表会などで自分たちまでも嫌がらせを受けることを心配する声も上がった。

「私たち、美月とは一緒に音楽をやりたくない」

部長は、30人の部員を前に、美月を音楽室に呼び出してそう言った。誰ひとり、美月をかばう者はいない。

「今まで仲間だったから、正直に言っておくね。私たち、美月と一緒に音楽をすることが、悪いことに加担してるみたいに感じて嫌なの」

美月は部長の発言に、返す言葉を失った。迷惑をかけたお詫びと、これまでの感謝の言葉を述べて、音楽室を去るしかなかった。

先生たちの視線も、日増しに冷たくなっているように感じた。これまですれ違うたびに冗談を言ってきた体育の先生や、いつも体調を気遣ってくれていた保健室の先生からも、声をかけられることはなくなった。

美月はたったひとりの友達の玲奈に何度もメールや電話をしたが、その日は繋がらなかった。玲奈まで去ってしまうのではないかと不安で、その日は一睡もできなかった。

翌朝、玲奈はいつもより機嫌のいい様子で現れた。美月が、何度も連絡したにもかかわらず返信がなかった理由を聞くと、彼氏と過ごしていたのだという。

「昨日はバレンタインだよ」

のろける玲奈に、美月は苛立ちを抑えられなかった。

「酷いよ、こっちは自殺していたかもしれないのに！」

美月は思わず怒りをぶつけた。

その日の放課後、気まずくなった空気を変えようと、帰り支度をしている玲奈に声をかけると、彼女は下を向いたまま呟いた。

「ごめん、もう無理……。美月の味方でいるの、もう疲れた。私には重すぎる」

唯一の友達も去っていった。

翌日から美月は登校をやめ、退学届を提出した。母親の実家近くの飲食店でアルバイトを始め、翌年からは近くの高校に通うことにした。

定時制のS高校。美月は初日を緊張して迎えた。事件のことがここまで広まっていたらと思うと、周囲の人と目を合わせることが怖かった。

美月は、ひとり年が近いと思われる女子を見つけ、彼女の近くに座った。彼女も微笑んでくれて、美月は胸をなで下ろした。

「R女子？」

美月がまだ使っている前の高校の鞄を見て、彼女が尋ねた。美月は事件のことがばれたと思い、緊張した。

「私も中3までいたよ」

美月は驚いた。まさか、ここでR女子の元生徒と会うなんて、ありえないと思った。

「父親が自殺して、高校は無理だったんだ」

「うちのパパは、詐欺やって刑務所」

「大変だったね。うちも借金つくって死んじゃったから、すごい周りから責められた。もう思い出したくない」

「わかる……」

ふたりの会話は止まらなかった。

第七章　家族への制裁は犯罪抑止になるか

家族の自殺を知らない受刑者もいる

罪を犯した人たちは、家族が受ける社会的制裁についてどのように考えているのか。

私は刑務所を中心に、受刑者に対して、加害者家族の心情を考えるための講演やグループワークを行っている。

罪を犯した加害者本人は、逮捕後すぐに塀の中に隔離され、世の中の情報はほとんどシャットアウトされる。したがって、報道陣に追いかけられて逃げ回る家族や、過熱する犯罪報道、事件によって家族の生活がどのように変わってしまうのかということは、知る由もない。

社会の動向が刑務所の中に伝えられることはなく、親族から自殺者が出ていることを知らずに服役している受刑者もいる。

前にも述べたが、受刑者本人から手紙が来なければ、家族は収容先を知らない場合もある。重大事件の家族は事件後、転居を繰り返すケースが多く、互いの居場所がわからず、家族との交流が途絶えている受刑者も多いのである。

服役期間の長い受刑者は、すでに何十年も社会から隔絶された生活を送っているため、社会で起きている出来事を想像すること自体が難しくなっている。したがって、社会的差別に苦しむ加害者家族の話をしても反応は鈍い。

受刑者に意見を聞くと、「事件後、子どもが学校に行けなくなっていた」と泣きながら後悔する者もいるが、多くは、「そのような事実に驚いた」「自分の家族からは、そのような話は聞いていない」など他人事《ひとごと》として捉えている傾向がある。

「うちの家族は弁護士に、俺とはもう縁を切ると言ったらしい」「家族は裁判に来てくれなかった」「うちの家族は一度も面会に来たことなんかない」などと、一方的に家族への不満を語る受刑者も少なくない。

しかしながら加害者家族は、犯罪者と縁を切る覚悟がなければ、社会で生きていけないケースもあるのだ。

受刑者の中には、これまで家族には憎しみしか抱いたことがなかったが、その悲惨な現状を知り、それまでの酷い仕打ちを許すことができたという者もいた。

家族との関係は、他者との関係を構築するうえでの基礎であり、それを肯定的に捉え直していくことは、受刑者が社会復帰を果たすうえで重要な機会である。

家族は犯罪の抑止になっているのか

インターネット上での誹謗《ひぼう》中傷や個人情報の暴露、自宅への投石といった違法な行為を含む加害者家族への社会的制裁は、これまで特に問題になることもなく見過ごされてきた。

その背景には、人々の間で、罪を犯せば家族までもが制裁に遭うという一種の「見せしめ」が、犯罪抑止として働いていると信じられてきたからではないだろうか。

確かに、「家族に迷惑をかけるから悪いことをするのはやめておこう」と思うことはあるだろう。しかし、このような発想が生まれるのは、あくまで、その人に良好な関係の家族がいれば、の話である。

罪を犯す人の中には、信頼関係の構築という経験が不足しており、家族に対して憎しみを抱いている者も少なくない。

生活困窮の末の介護殺人、育児ノイローゼ状態での子殺しなど、正常な判断力を失っている状況で行われる犯罪もある。

また、後で返せばよいと思って繰り返した横領や、女性が騒がないだろうと思っての痴漢行為など、「ばれることはないだろう」という過信から行われる犯罪もある。

痴漢で逮捕された男性がまず心配するのは、「会社をクビにならないか」ということだ。家族への影響よりも、自分の社会的な地位や自由を奪われることの方が心配なのである。

一方で、金銭を目的として行われた犯罪の中には、「家族にいい生活をさせたかった」などと、家族の存在が犯行動機となっている場合もある。

犯罪者の生育歴や犯罪が起きている状況に鑑みれば、家族が社会的制裁を受けることによる犯罪抑止効果は極めて低いと思われる。

家族への復讐のために罪を犯す男

2013年、関西地方で80代の女性が殺害された事件で、犯人の20代の男性が犯行動機として、「家族に迷惑をかけたかった」と供述していた。

この事件のように、犯人が直接的に動機として家族に言及しなかったとしても、犯罪が起きるまでの家族関係を見ていくと、犯罪という手段を通して家族に復讐していると思われるケースも多い。

父親が母親に日常的に暴力を振るう家庭で、自らも両親ふたりから暴力を受けて育ってきたある受刑者は、少年時代から暴力事件を起こしていた。

20代で結婚し、口論がきっかけで妻に暴力を振るい、殺害するに至る。この受刑者は、すでに年老いた両親ときょうだいが、事件の影響によって地元で生活を送ることができなくなっている事態について、「自業自得。罰が当たった」と怒りを込めて言い放った。

家族に対して抱いてきた憎悪を直接ぶつけるのではなく、犯罪という手段によって潜在的に復讐しているケースからは、家庭の中で虐げられていた屈辱感と対抗手段の欠如が見られる。

うまくいかない状況に抗う手段として、暴力や略奪など犯罪行為しか選択肢がなかったのだ。

こうした犯罪を減らしていくために必要なのは、事件後に家族を社会的に追いつめることではなく、ＤＶや虐待への早期介入である。

振り込め詐欺に騙されやすい加害者家族

「犯罪者が出たら、家族は終わる」という恐怖を巧みに利用している犯罪が振り込め詐欺である。「相手に大怪我をさせてしまった」「痴漢で逮捕された」など、身内が加害者になったように見せかけて、家族に示談の協力を頼むパターンである。

加害者家族の中には、かつて振り込め詐欺の被害に遭ったが、過去の事件のことに再び触れられる不安や過去に受けた事情聴取を思い出し、同じ経験をしたくないという思いから警察には届けられなかった、躊躇している間に通報が遅れてしまった、と話していた人たちがいた。

加害者家族が振り込め詐欺の電話を受けた場合、過去に身内が加害者になった経験をしていることから、電話の内容を信じてしまいやすいのである。

振り込め詐欺の状況に類似した、加害者家族の体験を紹介したい。

ある相談者の息子は、10代の頃から暴行や恐喝などで警察の厄介になることがあった。高校中退後は実家を出て、繁華街の飲食店などで働いていた。息子は度々実家に戻ってきては、トラブルで店をクビになったとか、事故で車を壊してしまったなどと言い、両親に金の催促をした。両親は、息子を実家に入れることは拒まなかったが、金銭の援助はしなかった。

息子が再び家を出てから、両親のもとには、息子の居場所を訪ねる電話が度々かかってくるようになった。中には、息子にお金を貸しているのだが、返してもらっていないと訴える人もいた。

そしてある日、数人の男性が自宅を訪ねてきて、息子を出すようにと両親に迫った。両親は、息子と連絡を取ろうと思っても居場所が摑めず、困り果てていた。

両親が生活する地域は、いわゆる田舎で、些細なことでもすぐに噂として広まることが多かった。自宅前に知らない車が停まり、大声を上げられるところを近所の人に見られては困る、一刻も早く帰ってもらいたいという思いで、両親は事情もよく聞かずに、請求されるままの金額を支払った。

その後も、同じような催促の電話が続いた。あるとき、請求された金額が高額であったことから、支払いが難しいことを説明すると、相手は警察に届けると言い出した。

父親は、それも仕方がないと思ったが、母親は夫を説得し、翌日に指定された金額を振り込む約束をしてしまった。

息子はすでに成人を迎えている。これまでは未成年であったことから、逮捕されても実名は伏せられていたが、今度逮捕されれば実名報道されることが、両親にとっては恐怖であった。身内が逮捕されれば、自分たちにどのような影響があるかわからない。結婚を控えているきょうだいもいることから、家族から犯罪者を出すことを避けられるのなら、大した金額ではないと思った。

それからしばらくして、息子は詐欺罪で逮捕された。両親のもとに、正式に弁護人から示談の話を持ち込まれたときには、すでに両親の預貯金は底をついていた。

両親が、最初に被害者と名乗る人が現れた時点で事実確認をしていれば、もっと早く息子は逮捕され、被害者が増えることはなかった。逮捕された息子にとっても、発覚が早ければ早いほど、刑は軽くなったはずであった。

逮捕された息子は、ギャンブル依存症であることが判明した。こうした依存症の治療には、本人だけでなく、家族への支援も必要となる。

この家族は、身内から犯罪者を出すことになるかもしれないという恐怖から、財産が底をつくまで、息子の金銭トラブルの尻拭いをしてきたのだ。

こうした家族による責任の肩代わりは、加害者の犯罪行為を助長する側面があり、加害者と家族は、共依存関係にあると言える。

家族間の共依存を招いている要因として、犯罪が起きた場合、家族にまで連帯責任を課す社会のあり方が挙げられる。

実際の刑事事件でも、加害者本人に資力がない場合、家族が被害弁償や示談金を代わりに支払うことがある。弁護人であれば、当然、加害者に有利な材料として、家族に経済的協力を要請する。しかし、家族に協力する義務はない。

それでも、連帯責任意識の強い人たちの中には、協力を断るべきではないと思い込んでいる人も多い。それも、決して経済的に余裕のある人とは限らず、借金を重ねて工面している人もいる。

こうした努力が、再犯の防止に繋がるのであればよいが、逆に、加害者の責任を曖昧にし、犯罪行為を助長してしまっていることには注意が必要だ。

家族による責任の肩代わりは、直接的な被害が及ぶことへの回避行動でもある。

社会が、犯罪者の家族に対する連帯責任を強く求めすぎると、犯罪防止どころか、逆効果になることもあるのだ。

差別が生む負の連鎖

加害者家族の支援において、日本よりも進んでいる欧米諸国では、犯罪者の子どもやきょうだいを対象としたケアが非常に重要視されている。親やきょうだいが犯罪者となった子どもたちが、ケアを受けずに放置された場合、反社会的行動に出る事例が多いことが確認されてきたからである。

事件に無関係であるにもかかわらず、犯罪者と血が繋がっていることを理由として受ける社会的差別は、自尊心を深く傷つけるだけではなく、社会への不信感をも植えつける。加害者家族が、犯罪者の身内という烙印《スティグマ》を押されることのないような社会にしていかなければならないと私は考える。なぜなら、私がこれまで経験してきた支援においては、犯罪の背景には必ず何らかの差別が存在したからだ。

差別という逆境をばねに、成功を手に入れる人もいる。しかし、成功に辿り着くまでにはかなりの苦労、言い換えれば「無理」があったはずである。

ありのままの姿を社会は受け入れてはくれない、特別な存在でなければならない、人一倍努力しなければならないという社会不信から生まれる強迫観念により、自分を否定して、無理をしてきたのではないかと思われる。

人は他人に対して、自分が受けてきたような対応しかできないのではないだろうか。知らず知らずのうちに無理をしてきた人は、家族という身近な人にも無理を強いてしまっているのだ。

身内が事件を起こすということは、残された家族に大きな衝撃を与えるもので、それだけで加害者家族は十分に傷ついている。それに追い打ちをかけるように社会的制裁が加えられることは、加害者家族を追いつめ、罪を犯した人が更生するための重要な機会や更生の支え手を奪う結果となりかねない。

大きな犠牲を出した事件であればあるほど、加害者の更生に家族の存在は不可欠である。加害者本人のケアなど、加害者家族が担うべき役割が数多くあるにもかかわらず、地域から追い出され、誹謗中傷が繰り返されるばかりでは、家族への愛情や社会への信頼が、憎悪に変わっても不思議ではない。

事件後、加害者家族を排除するのではなく、加害者家族にしかできない役割を全うできるように導くのが、社会の責任ではないだろうか。

第八章

加害者家族の支援はこうして始まった

師との出会い

私は、加害者家族支援を始めるまで、外国籍市民やセクシュアル・マイノリティなど、いわゆる「マイノリティ」に関心があった。きっかけは13歳の頃、通訳や英語の教師をしていた在日韓国人のKさんとの出会いだった。

Kさんは、私の初恋の男性でもあり、とても慕っていたことから、当時、彼が参加する講演やイベントなど、あらゆるところについて回っていた。

あるとき、Kさんが主宰する、外国籍の子どもに日本語を教えるボランティアの存在を知った。

私はいつものようにKさんについていったが、教室に入ると、体格がよく、ハーフと思われる彫りの深い顔立ちの子ども数人が、刺すような視線で私を睨みつけてきた。私はこれまで、何人もの凶悪犯と面会したが、このときほど恐怖を感じた経験はいまだない。

彼らは14〜15歳の子どもだった。Kさんと子どもたちは東京で暮らしていて、冬休みを利用して仙台までスキー合宿に来ていた。子どもたちは複雑な家庭環境で育っており、学校にもほとんど通えていなかったことから、カタカナや簡単な漢字すら書けなかった。平凡に育った私は、そうした背景を持つ子どもたちが存在するという事実に大きなショックを受けた。

初めは目を合わせることさえ怖かったが、徐々に彼らと打ち解けてきた。ところがその日家に帰ると、財布に入れていた千円札と文房具がいくつかなくなっていた。いつの間に盗《と》ったのか、私はそこにいた子どもたちの手口に驚いた。おそらく、これまでも窃盗などをして生きてきたに違いないと思った。

彼らは、施設の中でも問題を起こして、追い出されるような問題児だった。支援をしてくれる大人にも牙を向けることが多く、支援者が寄りつかなかったのだ。

Kさんが、この活動を手伝ってくれる人がいなくて困っているというので、私は彼らと積極的に関わっていくことに決めた。

彼らは全員、虐待を受けて育っていた。日々、暴力や性的虐待にさらされ、また、貧困ゆえに売春をして生きてきた子どももいた。彼らは私に、体にある疵《きず》を見せながら、大人から受けてきた酷い仕打ちや差別の体験を語ってくれた。

Kさんもまた、家族からの虐待を経験していた。Kさんの父親は大きな会社を経営していたが、なかなか軌道に乗らず、倒産の危機に陥るたびに、Kさんは親戚の家などに預けられていた。

母親は、小学校の頃に病死。それからまもなく父親の会社は倒産し、夜逃げをしなければならなくなった。長男の兄は親が一緒に連れていったが、次男のKさんは置き去りにされ、里親のもとで育てられた。

よい家庭に引き取られ、安定した生活を送った時期もあったが、父親の事業が持ち直すと、今度は事業を手伝うようにと突然、家に呼び戻された。家に戻ると父は再婚しており、継母から性的虐待を受けることがあったという。

その日まで私は、子どもが病気になれば看病し、食事を用意し、学校で行事があれば見に来てくれるのが親だと思っていた。

このときから、私の中の「家族神話」が崩壊し始めた。

人殺しの子は人殺しになる？

なぜボランティア先の子どもたちが常に人を威嚇するような態度を取るのか、その理由がわかってから、最初に感じた恐怖は自然と消えていた。最初は物が盗られることのないように警戒していたが、彼らと信頼関係ができるにつれて、物が盗られるようなことはなくなった。

そんなある日、ひとりの少年が突然私の隣に来て、向かいに座っているもうひとりの少年を指して、「あいつの父さん、人殺しなんだ。刑務所にいるんだよ」とささやいた。

私はその瞬間、体中に悪寒が走り、その少年と目を合わせることができなくなってしまった。「人殺し……」この言葉がしばらくの間、頭の中から消えなかった。

私はKさんに、この出来事を話した。

「あの子のことが怖いんです……」

「どうして怖いの？」

「お父さんが人殺しって……、もしかして、あの子も将来そうなるのかなって」

Kさんは、穏やかな口調で、

「君も大人になったら、両親と同じようになるのかな？」

と私に問いかけた。私は一瞬、考えた。

「それは……、なるかもしれないし、ならないかもしれない」

「じゃ、あの子もお父さんと同じようになるかもしれないけど、ならないかもしれないよね？」

その瞬間、不思議と恐怖が消えた。

Kさんは、差別をするということは、その人の可能性を奪うことだと言っていた。

少年が、父親と同じ運命を辿らないようにするには、まず、周囲の人がレッテルを貼らないことが重要だと思った。

加害者家族支援の原点

小学5年生の頃、『アンネの日記』などユダヤ人の大量虐殺をテーマとした作品の読書感想文で、私は「悪人の家族の運命」と題して、ナチス高官の子どもたちが敗戦後、どのような運命を辿るのかに焦点を当てて書いたことがあった。

ナチス高官の子どもたちは、親が加担した残虐行為を、成長と共にどのように理解していくのか。親の罪を背負わされる子どもたちは、どのような葛藤を抱えて生きていくのか、あまり関心が向けられていないところが気になったのだ。

映画『さよなら、アドルフ』（2012年制作、オーストラリア、ドイツ、イギリス）は、敗戦直後のドイツを舞台に、ナチス高官の子どもたちの境遇を描いた作品である。

敗戦後、両親の自殺や逮捕によって、孤児となり生活に困る子どもたちに対して、周囲の人たちは、ナチス高官の子どもだとして容赦なく差別をする。

ドイツ民族の優越性を教え込まれてきたのに、それを突然否定されたばかりか、親が残虐行為に加担していた事実を突きつけられて差別をされ、何を信じてよいかわからなくなる子どもたち。一般犯罪と戦争犯罪という違いはあるものの、加害者家族という点において本書の対象である人たちと違いはない。

ドイツでは、ナチス高官の子孫による自叙伝が多数出版されている。映画『シンドラーのリスト』の中で、ライフル銃で遊びのようにユダヤ人を撃ち殺すプワショフ強制収容所所長アーモン・ゲートの子孫による自叙伝では、残忍な殺人者として語り継がれる人物の血を引く子どもとしての葛藤と家族への愛憎が語られている。

私の作文は、担任から「子どもらしくない」という理由で全く評価されなかったが、Kさんにこの話をすると、視点がユニークで、重要な問題だと言ってくれた。

Kさんは、親に進学を反対されながらも、なんとか大学院まで進んだが、小学校にあまり通えなかったことから、きちんとした字が書けなかった。私はKさんの代わりに、封筒のあて名書きや手書きの書類の記入などの手伝いをしていた。ふたりで過ごす時間が多くなり、家族、恋愛、政治、人生など、いろいろなことを語り合った。

Kさんは、私の疑問にいつも真正面から答えてくれた。Kさんの話は、ただの知識ではなく体験がもとになっていて、学校の先生の話よりずっと説得力があった。

私はこの頃から内向的だった性格が少しずつ変わり、学校の中でも中心的な役割を担うことが多くなった。Kさんは私に、将来は政治家や社会活動家として活躍してほしいと言い、学校と家との往復では決して体験できなかったであろう、さまざまな境遇にある人たちと出会うきっかけをつくってくれた。

仲間の自殺

Kさんと出会って1年がすぎた頃、いじめや家庭の事情で不登校になっているKさんの教え子たちの相談役を任されることが増えていた。Kさんは、数多くの苦労を乗り越えてきた人だけに話に説得力はあるのだが、子どもへの接し方があまり上手ではなく、対応が厳しすぎるのではないかと疑問を感じることもあった。

Kさんの教え子との出会いで、忘れられない事件がある。教え子の少年は、在日韓国人の家庭の子で、高校受験に失敗してから不登校になっていた。両親は、彼を留学させたいと考え、Kさんが英語を教えていた。

ある日Kさんは、私と少年を山に遊びに連れていってくれた。少年は、同世代の友人が全くいなかったので、私を話し相手にと思ってのことだった。

少年は、私とふたりきりになったとき、「死にたい……」と口にした。親からは留学するように言われているが、外国で生活をする勇気はなく、どうすればよいかわからないと悩んでいた。受験に失敗し、親の期待に応えられない自分をひたすら責めていた。

私は少年の悩みをKさんに伝えたが、理解してもらえなかった。Kさんは、10代の頃から海外で勉強する機会を与えてもらえる少年を恵まれていると言い、不登校になったことについても甘えとしか考えていなかった。

私は少年が自殺してしまうかもしれないと訴えたが、真剣に聞き入れてはもらえず、留学させるという家族の方針が変わることはなかった。

数カ月後、私の不安は的中し、出国の前日に少年は自ら命を絶った。少年の死に、Kさんはひどく落ち込み、一時は仕事がままならない状態にまでなってしまった。

　少年の両親は、将来苦労しないように、若いうちに学歴や能力を身につけさせてあげようと必死だったが、悩んでいる少年の気持ちに耳を傾けることなく、彼は精神的に限界まで追いつめられていたのだ。

　私は、もう少し少年と話をする時間が欲しかったと後悔し、悲報に胸を痛めた。

　家族がよかれと思ってしていることが、実は子どもを追いつめているというケースは、加害者家族支援の中で数多く見てきた。

　この体験は、親から相談を受けている場合でも、すべての言葉を鵜呑みにせず、子どもの話も丁寧に聞かなくてはならないという教訓となっている。

　Kさんが父親を亡くし東京に戻らなければならなくなるまで、私は家族の問題を抱えた何十人もの子どもたちと出会った。この15歳の夏までの体験は、現在の加害者家族支援に活きている。

師と仲間を求めて

　私は筑波大学卒業後、東京で外国籍の子どもたちの支援活動をしていきたいと思っていた。13歳の頃に出会った外国籍の子どもたちとの交流体験が忘れられず、同じような活動ができるところを探していた。

あのとき出会った子どもたちは、あらゆる支援の網の目からこぼれていた。彼らは、法を犯してまでも生き延びようとするたくましさがあり、同情心を見せれば嚙みついてくるような暴力性や狡猾さも持ち合わせていた。支援者を騙したり、攻撃することさえあり、一筋縄ではいかない相手でもあった。

しかし、私は相手を理解しようと試み、傷つけ合いながらも関わっていく中で、互いに成長していくことができた。

私はありきたりな慈善活動ではなく、支援が届きにくいところで苦しんでいる人たちの支援がしたいと強く思うようになっていた。

社会活動の傍ら、塾講師や家庭教師のアルバイトをしていた頃、不登校や引きこもり状態にある子どもたちを担当することがあった。そして子どもではなく、親に直接アプローチをすることで、彼らの子どもに対する接し方が変わり、引きこもり状態にあった生徒たちを全員、進学させることができた。

このとき担当した各家庭は経済的に恵まれており、長期にわたって家庭教師を雇う余裕があったことから問題解決に至ったが、経済的に余裕のない家庭の中にも、同様の問題で悩んでいる人たちは多いだろう。資力がない人でもサービスを受けられる方法はないのかという思いからも、私はNGOやNPOの運営に関心を持つようになった。

全国の中で、市民活動が盛んな地域は、私の出身である宮城県仙台市だった。当時、加藤哲夫さんという市民活動の全国的な基盤をつくった先駆者が仙台におり、市民活動を支える施設や情報サービスが充実していた。

東京には情報が溢れていたが、13歳の頃の、こちらが引き込まれるような活動に出会うことはなく、私は活動の原点である仙台に戻ることにした。

加害者家族という病

NPO法人設立のための相談窓口に行くと、活動資金の集め方や、助成金の申請方法、法人化の手続きといったことを丁寧に教えてもらえ、ようやく組織造りのイメージができ上がった。

そして活動を共にする仲間を求めると同時に、マイノリティの人権について学術的にアプローチしてみたいという思いから、東北大学大学院法学研究科に進学した。

活動を展開していくにあたって、大きな影響を受けたのは、佐分利応貴《さぶりまさたか》先生（現在、公益財団法人笹川平和財団・国際事業部長）の授業だった。演習の「社会病理論」は、学生が医者になって社会の病を治すという、社会医学のフィールドワークだった。

第1回目の演習で、東野圭吾原作の『手紙』を題材として、社会的差別に苦しむ犯罪者のきょうだいの問題を議論した。殺人者の兄を持つ主人公は、兄との関係が周囲に知られるたびに失職したり、結婚が破談となったりして、社会から排除されていく。

主人公には常に味方になってくれる恋人がいたため、自暴自棄にならずに生活を続けていくが、支えてくれる人がいない加害者家族は、自殺に至るケースも多いと思われた。

私はその後、犯罪者の家族を対象とした相談窓口が存在するのか、宮城県内を調べてみたが、民間にもそのような組織は見当たらなかった。

加害者家族と接点がある刑事弁護士や保護司に事情を尋ねたが、彼らの職務は被疑者・被告人・受刑者を支える活動が中心であり、その家族と接することはあっても、彼らの悩みや生活状況については把握できていないという回答だった。

「加害者家族」という存在が、社会の中で全く認識されていなかったのである。

つまり、身内が罪を犯した場合、家族も犯罪者同様に社会的制裁の対象になるにもかかわらず、支援を受けられるところはどこにもなかったのだ。

殺人犯の子どもとの出会い

２００８年の秋、私は大学院の同級生らと、加害者家族支援の第一歩として、加害者家族が集まる会を仙台市内で定期的に開催することにした。

チラシを作成し、公共の施設などに配布したところ、それを見つけた地元の新聞社である河北新報社の記者から、取材の申し込みがあった。

この取材記事は、同年12月に「犯罪加害者の家族に支援を」という見出しで夕刊一面に掲載された。記事は、翌日にネットニュースに配信され、問い合わせ先の電話には、全国の加害者家族から相談が殺到した。加害者家族支援の動きは東北地方では初めてだったが、全国でも初めての活動であると気がついたのは、このときである。

その際に寄せられた相談の多くは、殺人事件、傷害致死事件など、被害者が死亡している重大事件の家族からのものだった。

長い間差別に苦しみながら、息をひそめるようにして生きてきた人たちが、どこかに話を聞いてもらえるところはないのか、同じような経験をした人はいないのか、と藁にもすがる思いで情報を探していたところ、記事を見つけて電話をかけてきたのだ。

私は、社会の反応の速さに驚くと共に、支援のニーズがあるという確かな手応えを感じていた。

最初に出会った加害者家族は、殺人事件を起こした犯人の妻と子どもだった。この母子は、警察官から夫の逮捕を告げられるやいなや、夜逃げのように自宅を離れ、知人宅に身を隠した。自宅付近には報道陣が詰めかけ、しばらくの間、小さな町は騒然となった。

子どもは小学校に通っており、学校の対応は冷淡だった。教頭は遠回しに転校するようにと母親に告げた。母子が避難をしている間、小学校の通学路にまで記者がうろつくようになり、子どもの同級生を探してインタビューをしていたという。

学校にはPTAから苦情が殺到し、学校側も対応に苦慮していた。

母は子どもの転校に伴って、せめてクラスメートにお別れをする機会だけは与えてほしいと学校側に頼んだが、それすら聞き入れてもらえなかった。

どうしても友達にお別れを言いたいと泣く息子を、母親は誰もいない真夜中の校庭に連れていった。息子は校庭を駆け回り、「さよなら言えたよ」と母に告げたという。

この事件によって私は、加害者家族支援を日本に定着させなければ、という強い使命感に駆られた。少年は事件をまだ理解できる年齢ではないが、いつか真相を知ることになる。就職や結婚にあたっても、問題に直面するだろう。

少年の成長に寄り添っていくためにも、加害者家族支援は一過性のものではなく、日本社会の中に根づくものにしていかなければならないと強く思った。

ニーズに追いつかない支援

２０１０年、ＮＨＫ「クローズアップ現代」で加害者家族の問題が取り上げられて以降、取材の依頼も相談件数も増えていった。加害者家族支援を始めたいという人も、急にたくさん現れるようになった。

助成金によって事務所を開設し、加害者家族の受け皿はできたが、私は支援の手ごたえを次第に感じられなくなっていた。当時、当団体が提供していた心のケアでは、加害者家族のニーズに対応できていないことに気がつき始めたからだ。

定期的に開催している加害者家族が集まる会では、今すぐ情報が欲しいという相談者と、ただただ体験を聞いてもらいたいだけという相談者で、話がかみ合わなくなることが増えてきた。

「警察からの事情聴取が辛いんです」「弁護士を替えた方がいいのか迷っていて……」といった解決可能な質問に対しても、スタッフはどう対応すればよいのかわからず、ただ「大変ですね」と気持ちを受け止めるだけで終わってしまっていた。

参考人としての事情聴取は義務ではないので、行かなければならないものではない。

加害者家族が弁護人に対して疑問を持ったり不満を感じることはよくあるが、被疑者の権利との関係で致し方ない場合もあり、相談者にむやみに他の弁護士を紹介しても、問題の解決にはならない。

法的な問題が持ち上がるたびに、他のスタッフは、「それは弁護士に頼んだ方がいい」と言うが、加害者家族の状況がわからない弁護士から、納得できる回答が導き出せるわけもない。

そもそも、弁護士やカウンセラーなど、相談のプロフェッショナルが数多くいるにもかかわらず、なぜ加害者家族は当団体に支援を求めるのか。それは、他では得られない情報や体験を持っていると期待されているからだろう。

集いに参加している相談者の顔が晴れないことに、私は焦りを感じていた。

しかし、この焦燥感を理解してくれる人はいなかった。研究者が調査した海外の加害者家族支援に関する情報も、日本の刑事司法制度の中で翻弄される加害者家族の負担を軽減することにはならなかった。

当団体の加害者家族支援は、新聞や雑誌でも取り上げられ、各種専門家も集まっており、あたかも加害者家族に必要なものがすべて揃っているような印象を与えていた。

しかし、実際、支援の中身はないに等しかった。

加害者家族支援を標榜《ひょうぼう》する組織が増えても、話を聞くだけで終わるのでは意味がないのではないか。私は段々と、相談を受けることを重荷に感じるようになってきた。看板だけが独り歩きし、加害者家族のニーズに沿わない支援が広がるくらいなら、終わりにした方がいいのではないかとも思い始めていた。

日本で初めての活動であるがゆえに、私が発言した内容は検証されることもなく、そのまま記事になって社会に伝わることもあり、その状況についても疑問を感じていた。

そして、電話口で「死にたい……」と訴える相談者に対し、私は言葉を失うようになっていた。「死なないで」と言うのは簡単だ。しかし、加害者家族がどれほど社会の中で肩身の狭い思いをしながら生活していかなければならないか、その現実を知れば知るほど、生きろと言うことが残酷に思えた。

生きて、その先に何があるのか、当時は、その答えを持っていなかった。

相談者は、全国各地から何時間もかけて仙台の事務所を訪ねてくることもあったが、私は責任の重さに押しつぶされそうな毎日だった。相談者と向き合うことが苦しく、逃げたいと思うようになっていた。

仙台で震災を乗り越えて

そうした時期に、東日本大震災が起きた。私は仙台市内の自宅で激しい揺れに襲われた。まるで、地面が割れてのみ込まれていくような恐怖だった。

揺れが収まった頃、団体のスタッフから「大丈夫？」というメールが届いた。副代表の遠藤真之介と社会保険労務士の菊地登康からだった。このとき、遠藤の実家である気仙沼は壊滅的な状況にあり、菊地の自宅も津波にのみ込まれていた。沿岸部に住むスタッフの安否は数週間わからないままだった。

大きな揺れから3日がすぎ、ようやく電気が通った。すぐに加害者家族の相談窓口となっている携帯を充電器に繋ぐと、たくさんの着信があった。

私が電話をかけると、

「繋がった！」

と喜ぶ相談者の声が聞こえた。

テレビをつけると、世界中の人々から被災者への励ましの声が伝わってきた。世界中の人々が被災者たちに手を差し伸べてくれるかのようだった。

一方で、電話が繋がるのを待っていた加害者家族たちは、社会の中で孤立していた。不安を誰とも共有することができず、助けに来てくれる人もいない。私の無事を、涙を流して喜んでくれる相談者たちの声に、活動をここで終わらせることはできないと、失っていた力が湧いてきた。

団体のスタッフもそれぞれ少なからず被災していたが、加害者家族支援を全国に発信していこうと新たに決意を固めることができた。私の他に、加害者家族の労働問題を扱ってきた菊地登康と転居の支援を担当している不動産経営者の関孝ヱが理事に、長尾浩行弁護士が監事に就任し、それまで任意団体だったＷｏｒｌｄ　Ｏｐｅｎ　Ｈｅａｒｔは、２０１１年９月に宮城県で法人格を取得した。

この頃、震災支援をきっかけとして、草場裕之弁護士と連絡を取る機会が増えた。草場弁護士は、数多くの重大事件の弁護を担当してきた著名な刑事弁護士だ。無罪判決も多数勝ち取っている。

弁護士の数が増えているとはいえ、刑事事件・少年事件の経験が豊富な弁護士と出会うことは、そう簡単ではない。

私は、刑事手続きの流れの中で加害者家族が直面する問題について、草場弁護士から支援の手がかりになる多くのヒントを得ることができた。

加害者家族への支援は増えている

2012年、日本における加害者家族支援の調査を目的として、トヨタ財団から活動費が助成された。2年間、私は、加害者家族と体験を共にするために、全国各地に散在する相談者のもとを回った。出張にあたっては、基本的に相談者に実費を負担してもらう必要があったが、助成期間中は生活が困窮している家庭を優先的に支援した。

2015年、韓国ソウルで加害者家族の支援団体が誕生した。加害者家族支援は、欧米諸国を中心に発展してきた活動であり、アジアではまだ珍しい動きである。

韓国で最初の加害者家族支援団体「児童福祉実践会セウム」を設立したのは、児童福祉を専門としてきたソーシャルワーカーの李京林《イキョンリム》代表である。李代表は、韓国語に翻訳されている鈴木伸元氏の『加害者家族』を読んで当団体の存在を知り、ソウルから面会を申し込んできた。

私は2015年の春に東京で李代表と会い、加害者家族支援を日韓共同で進めていくことを話し合った。2015年の11月に、正式にセウムから講演依頼を受け、ソウル市内において、鈴木伸元氏と一緒に講演を行った。

セウムの支援の対象は、受刑者の子どもたちである。刑務所と連携し、子どもたちを集めてキャンプをしたり、寄付金を集めて子どもたちの家庭に奨学金を支給する活動を進めている。

日本と韓国は、世界的に見ても犯罪発生率は高くはない。日本は特に、世界一治安がいい国と言ってもいいほどである。

ただ、それだけに犯罪者に対して厳しい視線が注がれ、その家族に対する偏見も強いことから、これまでなかなか必要な支援がなされてこなかった。

日本や韓国では、犯罪者を出した家族への差別意識が強く、支援のあり方もまた、欧米諸国とは異なるアプローチが必要である。そこで、現在は韓国や台湾と連携し、アジアでの加害者家族支援体制の構築を目指している。

国内では、東日本大震災の直後から、大阪から仙台まで勉強に来てくれていた臨床心理士の佐藤仁孝《じんご》氏が、西日本で初めての加害者家族支援団体ＮＰＯ法人スキマサポートセンターを設立した。紆余曲折を経ながらも、加害者家族支援の輪は広がりつつある。

第九章 加害者家族を支援するということ

なぜ、加害者家族の支援が必要なのか、支援によって何が変わるのか、効果はあるのか。

本章では、度々当団体に寄せられる質問をもとに、加害者家族支援の意義について検討してみたい。

加害者家族支援とは何か

まず、加害者家族支援とはどのようなものか。私は加害者家族支援を提唱するにあたって、「支援」という言葉を「応援」や「保護」と区別して、「加害者家族が抱える問題に介入すること」と定義している。

当団体が、加害者家族「相談」ではなく、加害者家族「支援」と謳っているのは、相談者に対して助言のみならず、面会や公判への同行、家庭訪問なども行うからである。

団体設立当初、「加害者家族支援」では社会的に風当たりが強いだろうから、「犯罪に巻き込まれた人の支援」などと対象をぼかした方がよいのではないかという意見もあった。実際、父親が母親を殺したような家族間犯罪では、残された家族は、被害者家族であると同時に加害者家族でもあることから、被害者と加害者に容易に区分できないケースもある。

しかし、支援対象を被害者に近い存在に限定してしまうと、少年事件の保護者のように、事件に対して一定の責任を負う立場の家族は、支援を求めにくくなることが懸念された。社会的に追いつめられ、助けが必要な状況に立たされるのは、むしろ責任を否定できない立場にいる加害者家族である。支援のあり方として、被害者でなければ支援しない、つまり同情に値しなければ支援の必要はないという考えではなく、誰もが被害者・加害者になりうる現実から、「加害者側」という立場を真正面から引き受けたうえでの支援が必要ではないかと私は思った。

２０１４年から2年間、過失によって交通事故を起こした加害者家族の実態調査を行い、約２００件の交通事故加害者の家族への影響を調査した。死亡事故を起こした加害者側からは、自殺者が出ているという報告が何件かあった。

自分の行為によって人が亡くなったという事実は受け入れ難く、ひとりで背負うにはあまりに重すぎる十字架である。

しかし、事故を起こした加害者が、その苦しみや後悔についてどこかに相談しているというケースはほとんどなく、医療機関を受診していた人も、事故の加害者であることは医師やカウンセラーに伏せていた。

これまで普通の生活を送ってきた人ほど、加害者という立場に立たされた場合、自らは罰せられるべき立場であって、助けを求めてはいけない、と考える傾向にある。

また、自分が加害者であることが知られてしまった場合、批判されるのではないか、軽蔑されるのではないかと考え、事実を隠してしまう傾向があった。

こうした加害者の心理は、家族にも同様に見られる。精神的に窮地に追い込まれながらも、加害者側であるという意識や社会的立場が、援助を受け入れにくくしているのである。

それゆえ受け入れ側が、加害者側を支援することをはっきりと表明しなければ、加害者やその家族が安心して、すべてを話すことができる場所にはならないのだ。

なぜ加害者家族を支援するのか

加害者家族支援の過程で、収監されている加害者に代わって、家族が被害者に謝罪に行く場合があり、私も同行することがあるので、被害者やその家族と関わりを持つこともある。

その中で、被害者への経済的支援や長期にわたる心理的支援も十分ではないと感じることがあった。そのような状況で加害者家族支援の必要性を強調することは、被害者（遺族）の心情を害するかもしれない。

２００４年に犯罪被害者等基本法が成立した。同法には、犯罪被害者の権利が明記され、全国的な支援体制が整備されるようになった。

それまで加害者は、被疑者、被告人、受刑者としての権利が保障され、更生の機会も与えられている一方で、被害者は、捜査機関からはただの証拠としてしか扱われず、裁判でも蚊帳の外に置かれ、プライバシー侵害も放置されていた。

こうした被害者支援運動の経緯を見れば、加害者家族支援の発展が被害者を置き去りにして、さらに加害者側の保護を強めるのではないかという批判もあるかもしれない。

しかし、少なくとも、当団体が進めてきた加害者家族支援は、被害者の利益を侵害するようなものではなく、被害者支援の発展を妨げるような活動でもない。

加害者家族が命を絶ったり、就労が困難な状況に追い込まれれば、加害者の更生の支え手を失うだけではなく、被害者に対する賠償責任を果たすことも難しくなる。

したがって社会においては、双方への支援が並行してなされる必要があると考えている。

被害者と加害者家族が話す機会をつくる

被害者と加害者に関して、「修復的司法」という考え方がある。犯罪の被害者と加害者、その家族など、事件に巻き込まれた人たちが集まり、対話を続けることで、被害者の傷を和らげると共に、加害者の社会的責任を明らかにし、犯罪によって生じた問題を集団で解決することを言う。

対話にあたっては、ファシリテーターと呼ばれる進行役の力量が問われるところが大きく、日本における実践例は少ない。

アメリカなどで実践されてきた修復的司法にもとづく対話の機会を重ねることは、司法制度の枠組みには収まらない、犯罪が残した傷の回復に資するものである。

私は、加害者家族支援を通して、被害者やその家族、事件によって迷惑をかけた会社や地域の人たちと対話する機会を、可能な限り持つことにしている。

　こうした人たちとの関係修復は、加害者家族が地域の中で生きていくうえで必要であることがわかってきたからだ。

　事件後、加害者家族がこれまで住んでいた地域で生活を続けることが難しく、転居をしたいという相談も少なくない。しかし、経済的事情などから、転居ができない状況にある人たちもいる。回覧板が回ってこない、子どもが仲間外れにされている、地域の行事に参加できない、などといった状況の中で生活を強いられる人たちもいる。

　こうした状況の突破口になるのは、地域の人たちとの対話である。

　私は、事件で被害を受けたと思われる近所の人たちのところへ、加害者家族と一緒に謝罪に行くことがある。事件によって迷惑をかけたことを詫び、これからも地域の住民として困ったときは力を貸していただきたいとお願いをするのである。

　実際、加害者家族に対して、すべての人が敵意を抱いているというわけではないのだ。門前払いされることもある一方で、「困ったことがあれば、いつでも協力します」と言ってくれる人も存在するのである。

　人間不信に陥っていた加害者家族が、こうした訪問を通して、信頼できるかもしれない人に出会うことは、再び社会生活に戻るにあたって大きな一歩となる。

加害者家族は国によりこんなに違う

加害者家族支援を始めるにあたって、国内に手掛かりひとつない中、参考としてきたのは、諸外国で行われている先行研究や支援団体の活動である。

特に活動のイメージとして参考になったのは、英国マンチェスターに拠点を置く、通称POPS（Partners of Prisoners and Families Support Group）と呼ばれる団体である。

POPSは、CEOのファリダ・アンダーソン氏が、1988年に設立した団体であり、アンダーソン氏自身、夫の薬物による逮捕で、加害者家族として苦しんだ経験を持つ。

英国には、さまざまな種類の加害者家族支援団体が存在するが、POPSは、逮捕の時点から刑務所を出所するまで、一貫した包括的な支援体制を構築しており、英国全土の加害者家族の情報を持っているなど、重要な役割を担っている組織である。

2012年、アメリカ・テキサス州で開催された「全米加害者家族学会」という集会で、直接、アメリカの支援者と出会うことができた。ダラス・フォートワース国際空港から車で数十分の場所にある小さなホテルが会場で、参加者の多くは身内が収監されている加害者家族であり、各地で加害者家族の支援活動に従事する団体の支援者や研究者もいた。参加者の中には、重罪犯や死刑囚の家族もいるが、それを公にしたうえで、活動をしている人がほとんどであった。

会場に入った瞬間の和やかな雰囲気には、カルチャーショックを受けた。参加者同士、携帯などで写真を取り合い、即座にフェイスブックに写真を投稿していたからである。

参加者の何人かに、活動に対する抗議はないのかと質問したところ、そのような経験はほとんどなく、むしろ社会が加害者家族に無関心であることが問題だと語っていた。

私は日本で、2カ月に一度ほど加害者家族が集まる会を設けている。会は完全非公開で、参加者は加害者家族に限定されている。

公表しているのは開催日時だけであり、会場の詳細は参加者だけに伝える仕組みになっている。そうでなければ、加害者家族が安心して参加することができないからだ。

それでも、初めての参加者は帽子をかぶったりマスクをして会場を訪れ、緊張が解けるまでには時間を要する。参加者同士が打ち解けてきても、プライバシーの開示については非常に慎重な様子がうかがえる。

日本に比べて犯罪発生率が高く、受刑者数が圧倒的に多い欧米諸国では、犯罪者やその家族に対する抵抗感は日本よりも低く、寄付文化によって支援も活発に行われているため、民間団体が活動しやすい経済基盤がある。

それでも、欧米諸国に加害者家族への差別がないわけではない。

おそらくどこの国でも、身内から犯罪者が出たことは、噂話や人を攻撃するための恰好の材料となり、心ない言葉を浴びせられたり、白い目で見られたりすることはあるだろう。

また、家族としての罪責感や自尊感情の喪失は、他人から責められなくても、味わうものである。

こうした加害者家族の心理は、万国共通であると考えられるが、日本と欧米諸国が決定的に違う点は、彼らに向けられる社会からの視線の厳しさである。

欧米諸国の加害者家族は、姿や実名を公表したうえで、報道陣の取材に応じることが少なくない。1988年にアーカンソー州であった銃乱射事件の犯人である少年の母親が、実名で顔を出してテレビのインタビューに応じたところ、視聴者から多数の激励の手紙が届いたという。批判的な内容や中傷するような内容の手紙もあったとは思われるが、援護する人も数多く存在するのである。

日本では、身内から犯罪者を出した場合、むしろ罪を犯した本人以上に、家族に批判が集中する。メディアスクラムに代表されるように、加害者家族を追いつめようとする傾向が、欧米諸国より強いのである。

私はこれまで、刑事施設をはじめ、各所で講演活動を行ってきたが、過去に一度、団体の活動を紹介するブログに講演案内を掲載する際、うっかり「支援者」という言葉を抜かして、「加害者家族による講演」と書いてしまったことがあった。

すると、すぐに「加害者家族の分際で講演とは何事だ！　加害者家族がすべきは謝罪だ」「加害者家族の講演など必要ない。一生、謝り続けろ！」といった怒りの電話や投書が殺到した。

こうした批判の背景に見えるのは、加害者家族には何かを主張する権利などいっさいないという考え方である。

欧米社会で加害者家族支援を牽引している活動家のような「主張する加害者家族」「闘う加害者家族」が、日本で迫害を受けることなく活動できるようになるには、もう少し時間を要するかもしれない。

第十章 犯罪者にしないために家族ができること

「人を殺してみたい」と言われたら

重大事件が起きた場合、その背景を探ると、加害者は、何かしらの問題行動を起こしているケースが多い。

それは子どもに限らず、配偶者や親が犯罪者の場合でも同様である。

たとえば、動物を虐待していたり、家庭内での窃盗、暴言、暴力などである。こうした事件になる前の加害行為は、後で振り返ると、犯罪行為の予兆であったと考えられる。日常の些細なことの積み重ねが、加害行為、そしていずれは犯罪に繋がっていくのだ。

加害行為への介入にあたって重要なことは、「罰」ではなく、「ケア」の視点である。

私たちは日頃、「加害行為には罰を」という考えが刷り込まれており、加害行為を目撃した場合、反射的に叱責や非難することが当然であると考えている。

しかし、それでは問題の複雑化や陰湿化を招く危険性もある。まずは、加害者が加害行為を起こす原因を明らかにすることが重要である。

家庭内でのきょうだい喧嘩を例にすると、弟が兄にいじめられたと泣いていたら、親としては兄を叱り、弟を慰めるかもしれない。

しかし、このとき考えるべきは、なぜ喧嘩が起きたのかである。兄が弟に気に障ることをされたのか、嫉妬を感じたのか、嫌なことが他にあっての八つ当たりなのか。

もし、親の目の前で繰り返されているなら、不平等な扱いへの抗議の可能性もある。子どもの場合、言葉で表現できない怒りが、加害行為として現れやすい。したがって、叱る前に双方の言い分を聞く必要がある。もしかしたら、泣いている弟の方に問題があるのかもしれない。

こうした日常的によく起こることについては、家族としても、つい深入りせずに見逃しがちである。しかし、「今度ちゃんとお話聞くね」ときょうだいの双方に声をかけるだけでも、子どもたちの心に与える影響はだいぶ異なる。

加害行為は何らかのサインである。加害者として最も辛いことは、サインを無視されることや、言い分を聞いてもらえないことである。

もし、家族が「人を殺してみたい」といった物騒な言葉を繰り返し口にするようになったら、どうすればよいか。ショックが大きすぎて、閉口してしまうかもしれない。

しかし、こうした異常と思われる発言が繰り返された場合にこそ、「どうしてそう思うのか」と理由を問う勇気を持ってほしい。

「人を殺してみたい」といった言動や、動物への虐待行為などを発見した場合、身内であるがゆえに客観的に話を聞くことが難しいこともある。そういう場合は、学校の先生やカウンセラーなど第三者を入れて話を聞く機会を持つことを強く勧める。

明らかな異常行動が繰り返される場合、事件に発展する可能性は非常に高い。

どんなに忙しいとしても、第三者を介入させたうえで、問題と向き合う時間をつくることがとても大切である。

否定しない、批判しない、比較しない

当団体では、2カ月に一度程度、加害者家族だけの集いを開催していることは、すでに述べた。プライバシーが守られた空間で、同じような境遇の加害者家族が自分の体験を語

ると共に、他の参加者の体験談も聞くことによって、問題を相対化させ、傷の回復に繋げていくケアのひとつである。

この集いは、ファシリテーターが、参加にあたって3つの約束を説明するところから始まる。つまり当会では、参加者が感情を解放できるように、他の参加者の発言に対して「否定しない、批判しない、比較しない」ことを原則としているのだ。

「あなたはだめな妻だ」などという否定、「そんな考えでは甘いのではないか」といった批判、「私の方があなたより辛い」といった比較をしないという約束である。

犯罪者やその家族には、生育歴の中で、常に否定・批判・比較をされて育った人たちが少なくない。自己肯定感を高めていくために、この3つを他人に対しても自分に対してもしないように意識することが重要である。

家庭での日常的な会話を見直してみてほしい。たとえば、「○○さんの家はいいわね〜。毎年、海外旅行ですって」という言葉。単純に、羨ましいという愚痴かもしれないが、自分で甲斐性がないと思っている夫にすれば、妻から比較されて蔑《さげす》まれているように感じるかもしれない。

実際、ある詐欺事件を起こした加害者は、こうした妻の発言に深く傷ついており、いつか見返してやりたいと思うようになったと話していた。

傷害致死事件を起こしたある受刑者は、子ども時代、テストで98点を取ったとき、母親に、「惜しい、次は100点」と言われ、学年で2番だったときは、「次は1番ね」と言われたことが苦しかったと話していた。母親は「もっと頑張れ」という意味で言っていたのだろうが、精いっぱい努力したのに認めてもらえない、と受け止められてしまう場合もある。

また、家族内の問題を社会批判にすり替えてしまう人たちもいる。

「寛容でない世の中が悪い」「司法制度が悪い」など、指摘しているところは間違いではないかもしれないが、社会批判をすることによって、家族の問題と向き合うことから逃げてしまうことは、問題の解決を遠ざけることになる。

社会に対する批判的態度があまりに強い人たちへの支援は、非常に困難である。

手を差し伸べようとしても、本人はすべてに批判的で、時には攻撃的になり、救われる機会を自ら潰してしまうのだ。こうした批判的な人たちには、プライドが高く、問題の核心に迫る勇気がないタイプが多いようである。

いい子に育てると犯罪者になる？

犯罪者の親たちは、どのような子育てをしてきたのか。

刑務所内で受刑者の教育を行っていた岡本茂樹氏が書いた『いい子に育てると犯罪者になります』（新潮新書）には、「『いい子だね』という、誰もが普通に使っている言葉が、子どもが犯罪者になる『きっかけ』になっている場合があるのです」という記述がある。

本書に書かれていたのは、私が加害者家族支援を通して経験してきた事実や考え方に、まさに重なるものだった。

加害者家族の子育てにおいて、共通していたのは「人に迷惑をかけてはいけない」という躾であった。これは、どこの家庭でも学校でも教えることである。

つまり、子どもが犯罪者となった親たちの躾は、必ずしも常識から外れたものではなく、真っ当とも言える。それだけに、子どもが起こした結果に対して、多くの親たちは「こんなはずではなかったのに」という思いが強くなる。

犯罪者になった子どもたちは、自分は親に受け入れてほしかったのに、そういった気持ちに全く気づいてもらえなかった、と話す。

それは過干渉の親にも見られることである。常に子どものそばにいて行動を把握していても、子どもが何を考えているのか、全く理解できていないのだ。

岡本氏は、「人に迷惑をかけてはいけない」ということを優先して育てられた場合、子どもは親の期待に沿うような「いい子」でなければ認めてもらえず、そういう無理を重ねてきた結果が、犯罪という形で現れると述べている。

「親の期待に沿う」とは必ずしも、どこの大学に入らなくてはならないとか、どこの会社に勤めるべきといった具体的なことを意味するわけではない。

「特別なことは望まないから、問題だけは起こさないで」といった空気を子どもは敏感に汲み取り、自分の感情を押し殺してしまうのだ。

私は多くの家族の中に、「身内だから当然わかり合えている」という暗黙の了解があり、それがコミュニケーション不足や問題を見過ごしてしまう結果を招いていると考える。


もし家族に殺意を抱いたら、どうすればよいのか。

物騒なことと思われるかもしれないが、「家族を殺したい」と訴える相談者は、決して少なくない。実際、日本で起きている殺人事件の半数は、家族間で起きている。

他人に対しては許せることでも、身内であるがゆえに許せない、と感じることも多いはずだ。

家族の問題がこじれてしまった場合、第三者の介入なしに、自然に収まっていくということは考えにくい。むしろ、悪化の一途を辿る可能性が高い。家族の問題こそ、家庭の外にいったん出さなければ、解決は難しい。

加害者家族支援を通して実感することは、犯罪という形で家族の問題が顕在化して、ようやく第三者が介入する機会ができる、ということである。

問題がこじれる前に、家族の問題を適切に支援できるなら、犯罪を防げる可能性は十分にあるのだ。

愛がなければ人は変わらない

アメリカでは、重大事件を起こした子どもの親が、事件後、堂々と子どもへの愛を公言している。

九州工業大学の佐藤直樹名誉教授は、世間学の立場から、公私の分離を原理とする近代家族のもとでは、親はどんなことがあっても子どもを守るのが当たり前だと社会は考えるが、日本では近代家族が未成熟なために「公」としての世間体が優先され、家族の愛情原理が成り立たないと分析している。

愛情は、罪を犯した人を変えていく、大きな力になりうる。犯した罪が重大であればあるほど、加害者が自暴自棄になってもおかしくはない。事件と向き合うことは容易ではなく、誰かの力を借りなければできないことでもある。弁護人や鑑定人といった専門家もその役割を担うが、加害者への愛がなければ、できないことも多いのだ。


渡辺佳世子（60代）の息子は、薬物を使用した状態で暴れて知人を死亡させ、傷害致死罪で起訴された。

佳世子は、夫とはすでに死別しており、事件への対応はすべてひとりで担ってきた。息子が人を殺したため、長年勤めた職場にいづらくなり、辞めざるを得なくなった。

報道陣が詰めかけたことで、近所の目が怖くなり、夫が残してくれた財産である自宅も手放すことになった。それでも佳世子は気丈にも、報道陣や被害者に対して、ひとりで実に手際よく対応していた。

問題は、息子との関係がよくないことであった。息子は、佳世子に面会にも裁判にも来ないでほしいと話していた。佳世子は、事件後、一言の謝罪もなく不平不満ばかりを口にする息子の態度に、堪忍袋の緒が切れた様子だった。

佳世子は、完璧主義者で、自分にも他人にも厳しい印象が強かった。息子は母親について、とにかく世間体を気にするタイプで、幼い頃から反発を覚えていたという。

息子はこれまで薬物所持などでも逮捕されており、逮捕は今回で三度目だった。佳世子は、過去に起こした事件のときも必ず面会に来ていたが、息子はそういう母親に対して、申し訳ないとか、有難いなどと、素直に感じることはできなかった。

なぜなら、そうした佳世子の行動は、すべて息子のためではなく、自分のためにしているようにしか見えなかったからだ。

警察官や弁護士に深々と頭を下げる佳世子の態度に、「お母さんがあんなに頑張っているのに」と関係者は一様に同情を示したが、息子はそうした母親の周囲への対応を見て、さらに怒りが増したという。

事件から1年以上がすぎても、親子の関係に変化はなかった。佳世子は、息子が事件を起こすようになってから、著名な宗教家を訪ねたり、子育ての専門家に教えを乞うなど、数々の助言を受けてきた。助言の通りに手紙を書いたり、会話をしようとしても、息子から返ってくるのは暴言ばかり。それでも諦めずに関わり続けたにもかかわらず、人の命を奪うという最悪の事態を迎えてしまったことが、悔しくてたまらなかった。

　裁判で被害者の意見陳述が行われる日、遺族が法廷で証言するということで、私は佳世子に同行し、隣の席で傍聴することになった。佳世子は、前を見ることができない様子で、体をこわばらせたままうつむいていた。

　遺族の代表として、まだ幼さが残る被害男性の妻が震える声で証言をした。殺害された男性には幼い子どもがいた。

　子どもは、まだ父親の死を理解することができず、いつも父親が家に帰っていた時間になると、今でも必ず迎えに、玄関に走っていくのだという。

　もしあの日が最後だとわかっていたら、愛する夫に伝えたいことがたくさんあったと、妻は涙を流しながら語っていた。

　私は、加害者家族の支援者として同行していたにもかかわらず、遺族の話を聞きながら、込み上げる涙を抑えることができなかった。

　ふと我に返り、隣で傍聴している佳世子を見ると、彼女も顔を覆って泣き崩れていた。佳世子の息子もまた、頭を下げたまま肩が震え、泣いている様子が見えた。

「主人が亡くなって、初めて気がつきました。ただ、生きていてくれるだけでよかったたんです……」

佳世子はこの言葉にハッとした。生きていてくれるだけでいい……、そう思って息子に接したことはあっただろうか。事件が起きる前から、こうあるべきだという自分の思いばかりぶつけ、ありのままの息子を認めてあげたことがあっただろうか。事件を起こしてからも、面会に行くときは心のどこかで息子からの謝罪や感謝の言葉を求めており、なぜこういった事件に至ったのか、息子の気持ちを考えたことなど一度もなかったのだ。

佳世子は、二度と会いたくないと息子に言われたが、拘置所に足を運ぶことをやめなかった。面会を断られても、体調を気遣う手紙と現金を差し入れた。

ひと月が経った頃、息子は初めて母親への感謝の言葉を口にした。彼はようやく、差し入れられた現金を貯めて、遺族への謝罪の気持ちとして送りたいと話すようになった。

奪ってしまった命を元に戻すことはできない。自分の家族が失ったものも取り戻すことはできない。事件と向き合えば向き合うほど、自分が犯してしまった、とりかえしのつかない罪の深さに絶望的になる。そこから、微かな希望を見出すことができたのは、諦めずに待っていてくれる母親がいたからだった。

愛を感じたことのない人が、大切な人を失った人間の痛みや悲しみを理解することはできない。

家族からの真の愛情を感じたとき、加害者自身も初めて変わろうとする。それは、加害者がこれまで愛情に飢えてきたことの証でもある。

愛されるということは、ありのままの姿を受け入れられることである。受け入れられていると感じるからこそ、人間は前向きに生きていこうと思えるのだ。

「事件がすべてを奪っていくと思いました。家も仕事も信頼も……。それでも、本当に大切なものが残りました。息子への愛情です」

こうした言葉を聞く瞬間が、加害者家族支援のやりがいを最も感じるときである。

住むところを追われ、仕事を奪われ、どこに行っても白い目で見られるような生活は、家族への愛情も憎しみに変えてしまう。差別や排除から加害者家族を守り、身内にしか担えない役割を引き出せるまで寄り添うこと、それが加害者家族支援の終着点である。

　海外に行くと、日本はつくづく安全な国だと感じる。日本中どこへ行っても、銃撃や暴力に怯えることなく、外を歩くことができる。壊滅的な被害を受けた東日本大震災のときも、暴動が起きることもなく、多くの人は秩序を守って生活していた。

「人に迷惑をかけてはならない」――おそらく学校でも家庭でもそのように教え込まれ、世間のルールに従順であることが「善」とされてきた。

　その一方で、世間のルールから少しでも外れる者に対しては、厳しい社会的制裁が下される。「安全」な社会が、必ずしも「安心」な社会とは限らない。

　人々は常に周囲に気を遣い、逸脱と見なされることを怖れ、欲望のはけ口が塞がれている。家の中でも外でも善良であることを強いられ、ありのままでいることが許されない。

　そのストレスは、いつか歪んだ形で、他者を巻き込んで爆発する。それが、私が見てきた「犯罪」だった。

親の育て方が悪い、甘すぎるなど、世間はあらゆる言葉で、加害者家族を非難する。

こうした無責任な批判は、加害者家族を傷つけ、社会から隔離するだけであって、加害者の更生の支え手を失うばかりか、犯罪予防の重要な手がかりまで失わせてしまうのだ。

こうした負の連鎖を断つには、多くの人に、犯罪が起きている家族の現状を伝えていくことが必要だと私は考えている。

加害者家族でなければ、果たせない役割が必ずある。だからこそ、加害者家族には、生きて、事件と向き合い続けてほしいと、心から思っている。

「犯罪加害者家族」の調査についてはＤ２０１２年に、トヨタ財団研究助成プログラムでお世話になり、「交通事故加害者家族」については２０１４年に三菱財団、２０１６年にはトヨタ財団国際助成によって、全国の現状を継続的に把握することができた。こうした経済的援助なくしては、時間と共に変化する加害者家族の実情に迫ることはできなかった。

２００８年から現在まで活動を維持してこられたのは、団体を経済的に支えてくれている会員の方々や、理事とスタッフ、顧問として協力してくれている先生方など、数多くの人たちのおかげである。ここで、すべての方の名前を挙げることはできないが、日常的に活動を支えてくださっている皆さまに、改めて感謝を申し上げたい。

執筆にあたっては、編集の四本恭子さんにも大変お世話になった。

これまで出会ってきた加害者家族の多くが、自分の体験がいつか社会の役に立てばと語ってくれた。本書がその思いに応える一冊となれば幸いである。

絶望の淵にいる加害者家族にとって、一筋の光となりますように。

２０１７年10月

ＮＰＯ法人　Ｗｏｒｌｄ　Ｏｐｅｎ　Ｈｅａｒｔ 理事長　阿部恭子

参考文献

阿部恭子編著・草場裕之監修『加害者家族支援の理論と実践―家族の回復と加害者の更生に向けて―』現代人文社、二〇一五
阿部恭子著・草場裕之監修『交通事故加害者家族の現状と支援―過失犯の家族へのアプローチ』現代人文社、二〇一六
岡本茂樹著『いい子に育てると犯罪者になります』新潮新書、二〇一六
佐藤直樹著『なぜ日本人は世間と寝たがるのか―空気を読む家族』春秋社、二〇一三
佐藤直樹著『犯罪の世間学―なぜ日本では略奪も暴動もおきないのか』青弓社ライブラリー、二〇一五
鈴木伸元著『加害者家族』幻冬舎新書、二〇一〇
高木慶子・山本佳世子共編『悲嘆の中にある人に心を寄せて―人は悲しみとどう向かい合っていくのか―』上智大学出版、二〇一四
マティアス・ケスラー編・伊藤富雄訳『それでも私は父を愛さざるをえないのです』同学社、二〇〇八
ジェニファー・テーゲ、ニコラ・ゼルマイヤー著・笠井宣明訳『祖父はアーモン・ゲート―ナチ強制収容所所長の孫』原書房、二〇一四

著者略歴

阿部恭子《あべきょうこ》

NPO法人World Open Heart理事長。

東北大学大学院法学研究科博士課程前期修了（法学修士）。

2008年大学院在籍中に、社会的差別と自殺の調査・研究を目的とした任意団体World Open Heartを設立。

宮城県仙台市を拠点として、全国で初めて犯罪加害者家族を対象とした各種相談業務や同行などの直接的支援と啓発活動を開始、全国の加害者家族からの相談に対応している。

幻冬舎新書 472

息子が人を殺しました
加害者家族の真実

二〇一七年十一月三十日 第一刷発行
二〇一八年十一月二十日 第四刷発行

著者 阿部恭子
発行人 見城 徹
編集人 志儀保博

発行所 株式会社 幻冬舎
〒一五一―〇〇五一 東京都渋谷区千駄ヶ谷四―九―七
電話 〇三―五四一一―六二一一(編集)
〇三―五四一一―六二二二(営業)
振替 〇〇一二〇―八―七六七六四三

ブックデザイン 鈴木成一デザイン室
印刷・製本所 中央精版印刷株式会社

Printed in Japan ISBN978-4-344-98473-8 C0295
あ-15-1
幻冬舎ホームページアドレス http://www.gentosha.co.jp/
*この本に関するご意見・ご感想をメールでお寄せいただく場合は、comment@gentosha.co.jp まで。

幻冬舎新書

鈴木伸元
加害者家族
犯罪の加害者家族は失職や転居だけでなく、インターネットでの誹謗中傷、写真や個人情報の流出など、悲惨な現実をまのあたりにする。意外に知られていない実態を明らかにした衝撃の一冊。

鈴木伸元
性犯罪者の頭の中
性犯罪者に共通するのは日常生活での〝満たされなさ〟。その感情がどう変化し、彼らを性犯罪へと駆り立てるのか。性犯罪者の知られざる心の闇を赤裸々に綴った一冊。

渋井哲也
実録・闇サイト事件簿
ネットで出会った男たちが見も知らぬ女性を殺害するという、犯罪小説のような事件を生んだ「闇サイト」とは何か。閉塞した現代社会の合わせ鏡、インターネットの「裏」に深く切り込む実録ルポ。

森炎
なぜ日本人は世界の中で死刑を是とするのか
変わりゆく死刑基準と国民感情
EUや米国の一部の州で死刑制度が廃止されるなか、日本では「一人殺して死刑」の時代到来か？　戦後の主だった死刑判決事件を振り返りながら、時代によって変わる死刑基準に検討を加える。